온라인 미팅 Webex, 실시간 방송 OBS

온라인 미팅 Webex, 실시간 방송 OBS

초판 1쇄 인쇄 2021년 09월 15일
초판 1쇄 발행 2021년 09월 25일

지 은 이 김수진, 신수경
펴 낸 이 한준희
펴 낸 곳 (주)아이콕스

기획/편집 아이콕스 기획팀
디 자 인 아이콕스 디자인팀
영 업 지 원 김진아, 손옥희
영   업 김남권, 조용훈, 문성빈

Education by Sympathy

주   소 [14556] 경기도 부천시 조마루로 385번길 122 삼보테크노타워 2002호
등   록 2015년 7월 9일 제386-251002015000034호
홈 페 이 지 http://www.icoxpublish.com
이 메 일 icoxpub@naver.com
전   화 032-674-5685
팩   스 032-676-5685
I S B N 979-11-6426-187-1 (13000)

비대면 교육, 한번에 끝내기!

온라인 미팅 Webex, 실시간 방송 OBS

김수진, 신수경 지음

Education by Sympathy

저자 **김수진**

한국정보화진흥원, SK하이닉스, 한국전력공사, 국립중앙도서관, 한국표준협회 등에서 컴퓨터 분야 전문 강사로 활동하고 있다.

주요 저서로는 (주)다본에서 발행된 《ITQ 한글 2010》, 《ITQ 엑셀 2010》, 《ITQ 파워포인트 2010》, 《ITQ 한글+파워포인트+엑셀 2010》, 《ITQ 한글 2016》, 《ITQ 엑셀 2016》, 《ITQ 파워포인트 2016》, 《ITQ 한글+파워포인트+엑셀 2016》, 교학사에서 발행된 《My love 파워포인트 2003》, 《MY love 파워포인트 2007》, 《한글 2014로 문서 꾸미기》, 《한글포토샵 CC 사진꾸미기》, 《New My love 포토샵 CC》, 《윈도무비 메이커+스위시맥스+동영상 만들기》, 《기초에서 실무까지 정보화 실무 엑셀》, 《기초에서 실무까지 정보화 실무 파워포인트》, 《포토샵CC 2018》 등과 아티오에서 발행된 《포토스케이프》, 《엑셀 2013》, 《스위시맥스 UCC 동영상 만들기》, 《플래시 CS6》, 아이콕스에서 《내 맘대로 스마트폰》, 《스마트폰으로 사진 편집하고 동영상 만들기》 등이 있다.

저자 **신수경**

국회사무처, 강남구청, 송파구청, 강동구청, 마포구청, 중랑구청 외 다수 기관에서 컴퓨터 분야 전문 강사로 활동하고 있다.

주요 저서로는 (주)다본에서 발행된 《ITQ 한글 2010》, 《ITQ 엑셀 2010》, 《ITQ 파워포인트 2010》, 《ITQ 한글+파워포인트+엑셀 2010》, 《ITQ 한글 2016》, 《ITQ 엑셀 2016》, 《ITQ 파워포인트 2016》, 《ITQ 한글+파워포인트+엑셀 2016》, 아이콕스에서 《내 맘대로 스마트폰》, 《스마트폰으로 사진 편집하고 동영상 만들기》 등이 있다.

코로나로 인하여 힘든 시기를 겪고 있는 현재 우리의 생활은 많이 바뀌었습니다. 회사원, 학생 등 사람들이 자유롭게 친목 모임이나 여행을 할 수 없고, 직장인은 재택 근무로 학생은 비대면 교육으로 진행하고 있습니다. 비대면이라는 생소한 환경이 지금은 어느 정도 익숙해졌지만 준비 없이 불어닥친 코로나로 많은 사람들이 비대면 교육을 어떻게 준비하고 강의를 해야 되는지에 대한 문의를 많이 받았습니다.

IT에 익숙하지 않은 상황에서 집합 교육을 비대면 교육으로 전환해야 되는 강사분들이 스트레스를 받는 모습에 안타까움에 컴퓨터를 잘못하는 분들도 쉽게 비대면 교육을 진행할 수 있도록 강의를 위한 최소한의 키포인트 기능만 한 권에 담았습니다. Cisco Webex Meetings로 비대면 교육을 진행하고 OBS Studio로 강의를 녹화하여 Youtube에 공유하는 방법을 쉽게 따라하고 배울 수 있도록 집필하였습니다.

이 책을 출간할 수 있도록 많은 도움을 주신 심다영, 김소현, 이정은, 김현실, 김태연님께 감사의 말씀을 전합니다.

목차

PART 01   Webex Meetings

PART 02 OBS Studio

PART 01
Webex Meetings

Section 01 Webex와 강의 준비하기

이메일 계정만 있으면 사용 기간 제한 없이 Webex의 필수 기능을 무료로 사용할 수 있습니다. Webex는 무료로 최대 100명까지 50분 동안 화상 회의를 할 수 있으며, 50분을 초과할 경우 월별, 연별로 요금 결제하여 24시간 100명 이상의 사람들과 회의를 할 수 있습니다.

■ Webex 요금

구분	무료	Starter	Business	기업
요금(연별)		$13.50	$26.95	영업팀 문의
요금(월별)	-	$14.95	$29.95	영업팀 문의
호스트 수	1	1~50	1~100	맞춤형
미팅길이	최대 50분	24시간	24시간	24시간
참여할 수 있는 사람	최대 100명	최대 150명	최대 200명	맞춤형
클라우드 녹화 스토리지	-	5GB	10GB	맞춤형
MP4 녹화	-	○	○	○
파일 전송 기능	-	○	○	○
컴퓨터에 녹화 저장	○	○	○	○
무료 전화 접속	-	-	-	○
유료 전화 접속	○	○	○	○

■ 화상 미팅이나 온라인 강의를 위한 준비물

▶ 웹캠

노트북은 내장 카메라로 미팅이나 강의를 진행할 수 있으나, PC는 별도로 웹캠을 구매하여 설치해야 됩니다.

▶ 마이크

웹캠과 함께 미팅이나 강의를 진행할 때 음성을 참가자들에게 잘 전달 될 수 있도록 마이크를 준비해야 됩니다. 웹 카메라에 마이크가 내장되어 있는 경우도 있으므로, 마이크 구매 시 카메라에 마이크 내장 유무를 확인하는 것이 좋습니다.

계정 만들기와 프로필 설정하기

화상 수업, 또는 미팅을 진행하기 위해서 Webex에 회원 가입하는 방법과 프로필을 변경하는 방법에 대해 알아봅니다.

01 크롬 브라우저(Chrome)를 실행한 다음 http://www.webex.com/ko 사이트에 접속합니다. 무료 회원 가입을 위해 **[무료로 시작]**을 클릭합니다.

02 Webex 아이디로 사용할 이메일 주소를 정확히 입력한 후 **[다음]**을 클릭합니다.

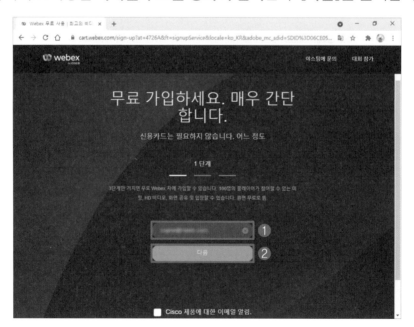

03 Webex 계정 활성화를 위해 입력한 **메일을 확인**합니다. 웹엑스에서 보내온 6자리 **확인 코드를 블록 설정**한 다음 마우스 오른쪽 단추를 클릭하여 **[복사]**를 클릭합니다.

> **Tip**
> 확인 코드 6자리를 블록 설정한 후 키보드의 단축키 Ctrl + C 를 누르면 복사할 수 있습니다.

04 다시 웹엑스 화면으로 돌아와 코드 입력란에서 마우스 오른쪽 단추를 클릭하여 **[붙여넣기]**를 클릭합니다.

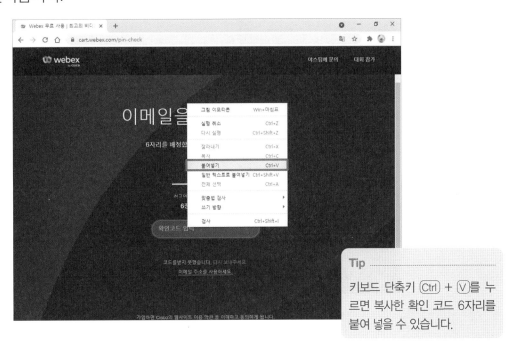

> **Tip**
> 키보드 단축키 Ctrl + V 를 누르면 복사한 확인 코드 6자리를 붙여 넣을 수 있습니다.

05 가입자의 **국가와 이름, 성을 입력한 다음 사용할 비밀번호를** 영문자 대문자와 소문자, 숫자, 특수 문자를 조합하여 입력한 후 [계속]을 클릭합니다.

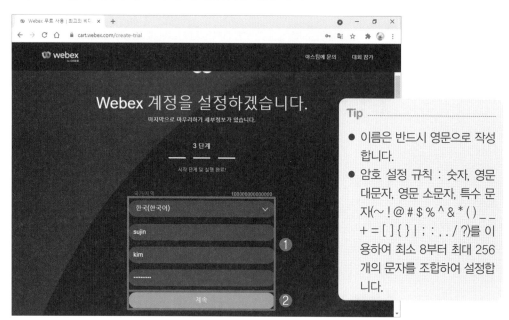

> **Tip**
> - 이름은 반드시 영문으로 작성합니다.
> - 암호 설정 규칙 : 숫자, 영문 대문자, 영문 소문자, 특수 문자(~ ! @ # $ % ^ & * ( ) _ _ + = [ ] { } | ; : , . / ?)를 이용하여 최소 8부터 최대 256개의 문자를 조합하여 설정합니다.

06 새 계정 준비 완료 화면이 나타나면 잠시 기다립니다.

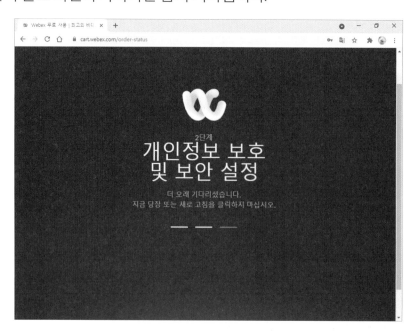

07 회원 가입이 완료되면 다음과 같은 성공 화면이 나타납니다. **[웹에서 계속]**을 클릭합니다.

08 프로필 사진을 변경하기 위해 **계정 아이콘을 클릭**하여 **프로필 사진을 클릭**합니다.

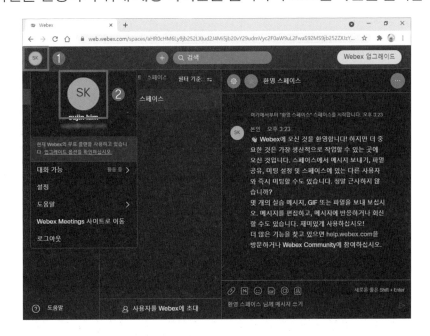

09 [열기] 대화상자에서 프로필로 사용할 사진을 선택한 다음 [열기]를 클릭합니다.

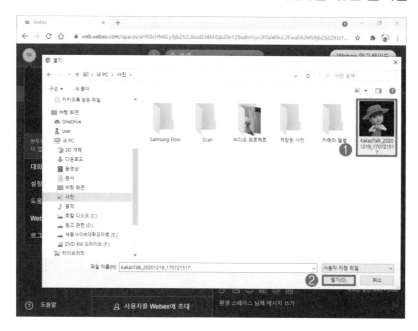

10 사용할 이름을 입력을 변경하기 위해 **프로필 이름 부분을 클릭**한 다음 사용할 이름을 입력하여 수정합니다.

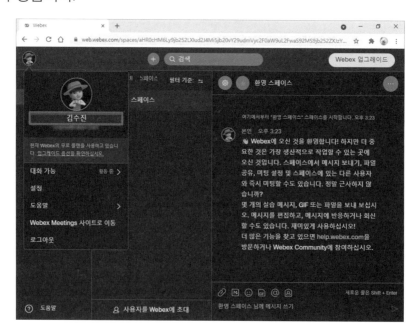

■ 유료 계정 결재하기

01 회의 또는 강의를 50분 이상 진행할 경우나 참여 인원이 100명 이상인 경우 유료 계정으로 사용해야 됩니다. 유료 계정 결제를 하기 위해 [Webex 업그레이드]를 클릭합니다.

02 계정을 1년으로 청구할 경우 '연별 청구', 월별 청구를 할 경우 '월별 청구'를 선택한 다음 'Starter'의 [지금 구입]을 클릭합니다.

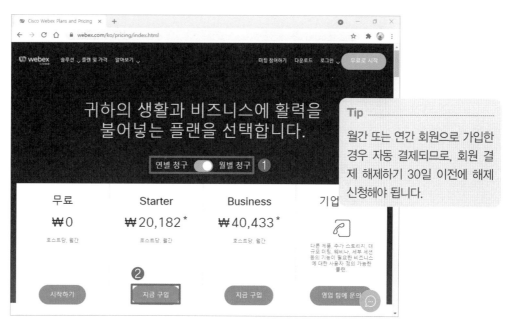

> **Tip**
> 월간 또는 연간 회원으로 가입한 경우 자동 결제되므로, 회원 결제 해제하기 30일 이전에 해제 신청해야 됩니다.

03 [내 장바구니 맞춤 설정하기] 화면에서 [결제로 진행]을 클릭합니다.

04 [계정 생성] 화면에서 이메일 주소를 정확히 입력한 후 [계속]을 클릭합니다.

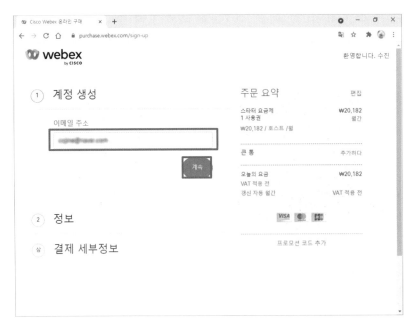

05 회원 가입을 한 후 유료로 전환하는 과정으로 다음과 같이 계정이 있다는 메시지 창이 나타나면 [로그인]을 클릭합니다.

06 [계정 세부 정보] 화면에서 **이메일 주소와 이름, 성을 확인**하고 화면을 아래로 이동합니다.

07 청구 주소란에 결제에 사용할 카드의 청구지 주소와 동일한 주소를 입력한 후 [계속]을 클릭합니다.

08 사용할 신용카드 번호와 유효기간, CVV 번호를 정확히 입력하고 개인 정보 취급 방침에 체크 표시를 한 후 [주문하기]를 클릭합니다.

09 [추가 정보 입력] 화면에서 카드 종류와 생년월일, 카드 비밀번호 앞 두자리를 입력한 후 [계속하기]를 클릭합니다.

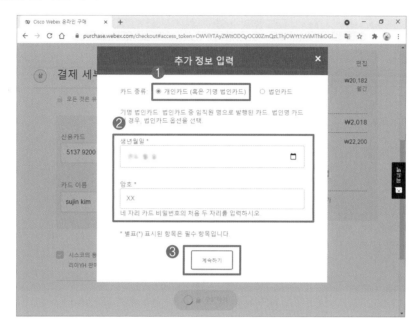

10 [개인 정보 설정 보안] 화면이 나타나면 잠시 기다립니다.

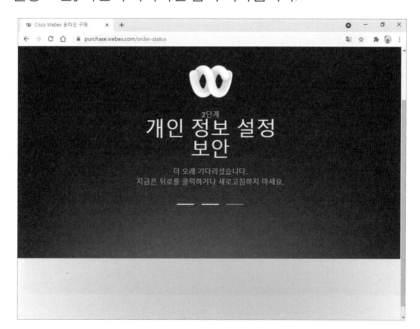

11 가입에 관련된 정보를 메일로 보냈다는 메시지 창이 나타나면 [확인]을 클릭합니다.

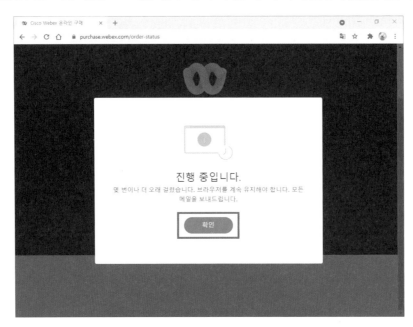

12 잠시 후 성공 메시지 창이 뜨면서 유료 회원으로 업그레이드가 완료됩니다.

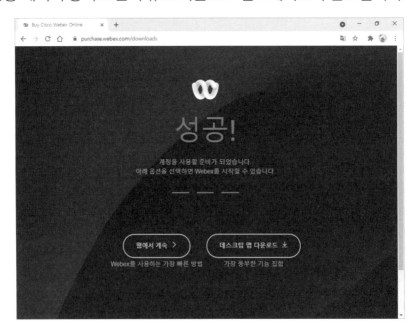

Section 03 Webex 데스크탑 앱 설치하기

웹엑스 홈페이지에서 화상 미팅과 강의를 시작 또는 예약할 수도 있으나, 데스크탑 프로그램을 설치하면 보다 빠르게 화상 미팅과 강의를 시작 또는 예약할 수 있습니다.

01 크롬 브라우저를 실행하여 https://www.webex.com/ko 사이트에 접속한 다음 [다운로드]를 클릭합니다.

02 화면을 아래로 이동하여 이전 회의 앱의 [Windows 용 다운로드]-[Windows]를 클릭합니다.

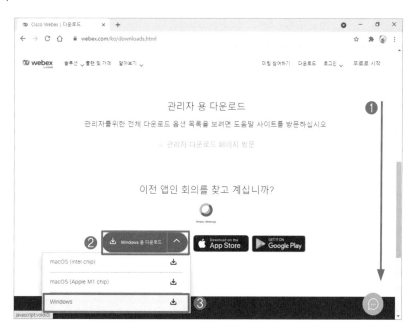

03 다음과 같이 화면 아래 다운로드 목록이 표시되면 **목록 단추(▼)**를 클릭하여 **[폴더 열기]**를
클릭합니다.

04 다운로드 폴더 창이 나타나면 🖳 아이콘을 더블클릭하여 실행합니다.

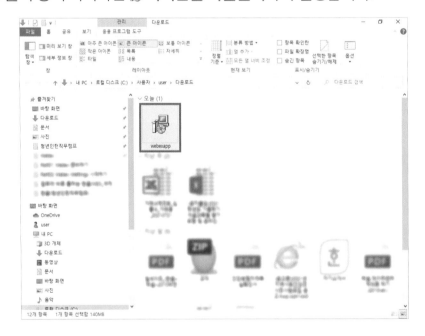

05 [Webex 설치 마법사 시작] 화면에서 [다음]을 클릭합니다.

06 사용권 계약서 화면에서 '사용권 계약서의 조건에 동의함'에 체크를 한 후 [다음]을 클릭합니다.

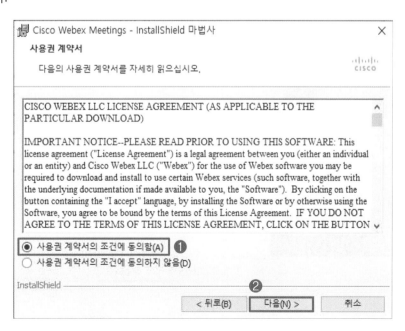

07 [프로그램 설치 준비 완료] 화면에서 [설치]를 클릭합니다.

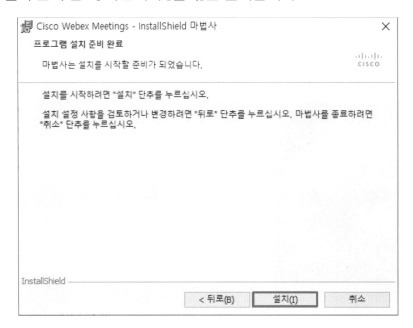

08 설치가 모두 끝나면 [완료]를 클릭합니다.

09 Webex Meetings 프로그램이 실행되면 가입할 때 입력한 **이메일 주소를 입력한 후** [다음]을 클릭합니다.

10 다음과 같이 Webex 사이트 선택 화면이 나타나면 **본인 계정 사이트를 선택**하고 [다음]을 클릭합니다.

11 비밀번호를 입력한 후 [로그인]을 클릭합니다.

12 다음과 같이 Cisco Webex Meetings 프로그램이 실행됩니다.

미팅 시작하기

Cisco Webex Meetings 프로그램에서 사전 예약 없이 바로 화상 회의(미팅) 또는 강의를 시작할 수 있습니다.

01 Cisco Webex Meetings 프로그램에서 [미팅 시작하기]를 클릭합니다.

02 개인 룸이 열리면 [⚙ 스피커 및 마이크 테스트]를 클릭합니다.

03 [스피커 및 마이크] 대화상자에서 스피커의 목록 단추(▼)를 클릭하여 사용할 스피커를 선택한 다음 출력 볼륨을 조절한 후 [테스트]를 클릭합니다.

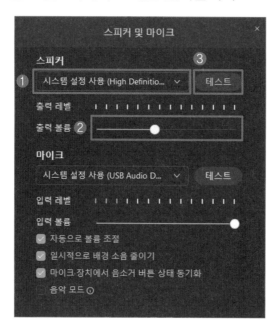

04 연결된 스피커에서 소리가 정상적으로 들리는지 확인합니다. 이번에는 마이크 목록 단추(▼)를 클릭하여 사용할 마이크를 선택하고 입력 볼륨을 조절한 후 [테스트]를 클릭합니다.

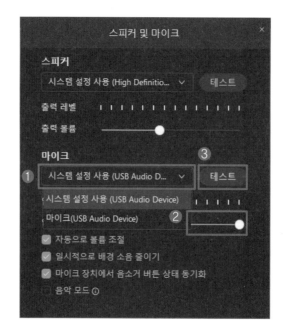

05 [테스트] 단추가 [녹화 중] 단추로 바뀌면 연결된 마이크에 이야기를 합니다. 입력 레벨의
막대가 움직이는 것을 확인합니다.

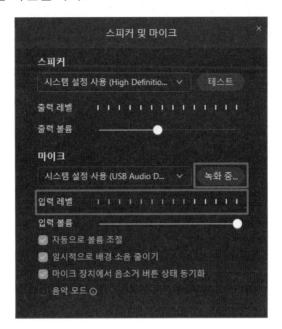

06 잠시 후 음성이 스피커를 통해 재생이 되면 마이크가 정상적으로 작동 되는 것입니다.
스피커와 마이크의 테스트가 모두 완료되면 ☒(닫기)를 클릭하여 [스피커 및 마이크]
대화상자를 닫습니다.

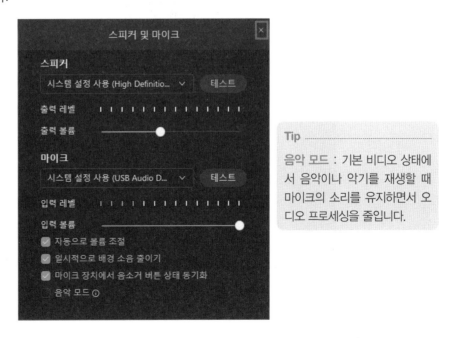

> **Tip**
> 음악 모드 : 기본 비디오 상태에
> 서 음악이나 악기를 재생할 때
> 마이크의 소리를 유지하면서 오
> 디오 프로세싱을 줄입니다.

07 미팅을 시작하기 위해 [미팅 시작]을 클릭합니다.

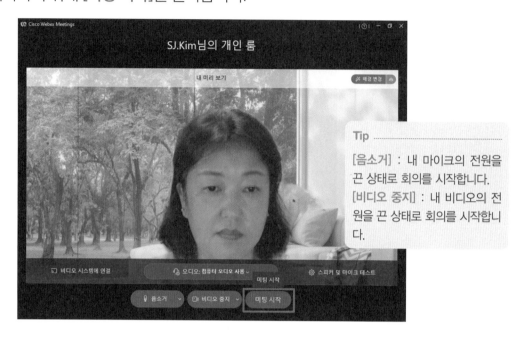

> **Tip**
> [음소거] : 내 마이크의 전원을 끈 상태로 회의를 시작합니다.
> [비디오 중지] : 내 비디오의 전원을 끈 상태로 회의를 시작합니다.

08 강사의 배경을 변경하기 위해 [오디오 및 비디오]를 클릭하여 [가상 배경 변경]을 클릭합니다.

09 [설정] 대화상자의 [카메라] 탭에서 원하는 가상 배경을 선택한 다음 [적용]을 클릭한 후 ⊠(닫기)를 클릭합니다.

10 비디오 화면과 가상 배경이 합성이 되어 비디오 배경이 변경된 것을 확인할 수 있습니다. 미팅을 종료하려면 ⊠(미팅 종료)를 클릭합니다.

11 미팅 종료 대화상자가 나타나면 [미팅 종료]를 클릭합니다.

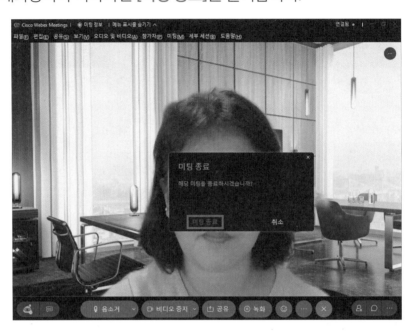

Tip 배경 사진 불러오기

[설정] 대화상자의 [카메라] 탭에서 ➕를 클릭하면 내 컴퓨터에 저장되어 있는 사진으로 비디오 배경을 설정할 수 있습니다.

Webex Meetings 인터페이스 알아보기

화상 미팅이나 강의를 원활하게 진행하기 위해 Cisco Webex Meetings의 화면 구성을 살펴보겠습니다.

① 확대/축소 : 참여자 비디오 화면을 확대 또는 축소할 수 있습니다.

② 레이아웃 : 참여자의 비디오 배열을 그리드, 스택, 세로 형태로 변경할 수 있습니다.

③ 미리보기 : 참여자의 비디오를 전체적으로 표시 하거나, 발표자의 비디오를 확대하여 볼 수 있습니다.

④ (Webex Assistant 켜기/끄기) : Webex Assistant가 켜져 있는 경우 호스트와 참가자는 클릭 한 번 또는 음성 명령으로 작업 항목과 같은 하이라이트를 캡처하고 설명을 놓치지 않도록 캡션을 표시할 수 있습니다. 단, 음성 명령은 영어로만 가능합니다.

⑤ (자막처리 표시/숨기기) : 회의 또는 웨비나(웹과 세미나의 합성어) 중에 자동 자막을 표시할 수 있으며 자동 자막이 켜져 있으면 청각 장애인 및 난청 참가자가 회의 및 웨비나에 훨씬 더 쉽게 액세스할 수 있습니다. 단, 자막은 영어로 표시됩니다.

⑥ (음소거/음소거 해제) : 음성을 중지하거나 나오게 할 수 있습니다.

⑦ (비디오 중지/시작) : 화면에 본인의 비디오를 표시하거나 숨길 수 있습니다.

⑧ 🔼 (공유) : 호스트가 참가자들과 화면이나 프로그램을 공유하여 미팅이나 강의를 할 수 있습니다.

⑨ ◎ (녹화) : 미팅이나 강의 내용을 내 컴퓨터나 클라우드에 기록하거나 중지할 수 있습니다.

⑩ ☺ (반응) : 미팅이나 강의에서 참가자들이 이모티콘으로 손을 들거나 박수 치는 모습을 이모티콘으로 표시할 수 있습니다.

⑪ ⋯ (추가옵션) : 오디오 전환, 비디오 시스템에 연결, 미팅 옵션(미팅 잠그기, 초대 및 알람, 미팅 링크 복사, 세부 세션 활성화)을 설정할 수 있습니다.

⑫ ✕ (닫기) : 화상 회의나 강의를 종료합니다.

⑬ 👤 (참가자) : 회의나 강의에 참가한 사람의 목록 창이 표시되며, 참가자를 선택하여 채팅이나, 오디오를 제어할 수 있습니다.

⑭ 💬 (채팅) : 회의나 강의에 참가한 사람과 문자로 대화를 할 수 있으며, 특정 참가자와 비밀 대화가 가능합니다.

⑮ ⋯ (목록 옵션) : Q&A, 캡션 및 하이라이트, 메모, 설문조사를 할 수 있는 메뉴가 표시됩니다.

Tip Webex Assistant와 자막 처리 설정

미팅을 시작하면 Webex Assistant와 자막 처리가 자동으로 켜기로 되어 있습니다. Cisco Webex Mettings 사이트의 환경 설정에서 '미팅을 시작할 때마다 Webex Assistant를 자동으로 켜기'와 '미팅을 시작할 때 마다 자막 처리를 자동으로 켜기'의 체크 표시를 해제하면 Webex Assistant와 자막 처리가 꺼져 있는 상태로 미팅이 시작됩니다.

미팅 설정 변경하기

웹엑스 환경설정에서 표준 시간과 회의 시작 후 일정 시간이 지나면 미팅에 참여할 수 없도록 설정할 수 있을 뿐만 아니라 참가자의 오디오를 제어할 수도 있습니다.

01 웹엑스(https://webex.com/ko) 사이트의 내 계정에 로그인한 다음 ⚙(환경설정)을 클릭합니다.

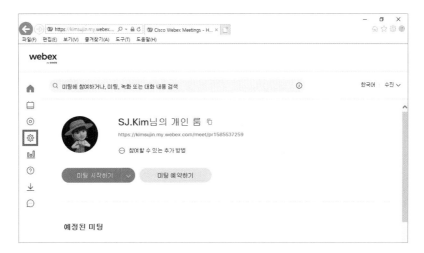

02 [일반] 탭에서 표준 시간을 변경하기 위해 목록 단추(▼)를 클릭하여 '(UTC+09:00) 서울'을 선택합니다.

03 미팅 시작 후 자동으로 개인 룸을 잠그기 위해 [내 개인 룸] 탭을 선택한 다음 '미팅이 시작한지'의 체크 상자에 체크 표시하고 시간 목록 단추(▼)를 클릭하여 시간을 '15'로 설정합니다.

> **Tip**
> 미팅이 시작한 후 지정한 시간이 지나면 미팅에 참여할 수 없도록 잠급니다. 지정한 시간 이후에 입장하는 참가자는 호스트가 미팅에 참여를 승인할 때까지 대기실에서 대기하게 됩니다.

04 미팅 참여자의 오디오를 모두 차단하기 위해 참석자 음소거에서 '미팅에 참여할 때 참석자를 항상 음소거'에 체크합니다.

05 미팅을 시작할 때 Webex Assistant가 자동으로 실행되지 않도록 하기 위해 [예약] 탭에서 '미팅을 시작할 때마다 Webex Assistant를 자동으로 켜기'에 체크 표시를 해제합니다.

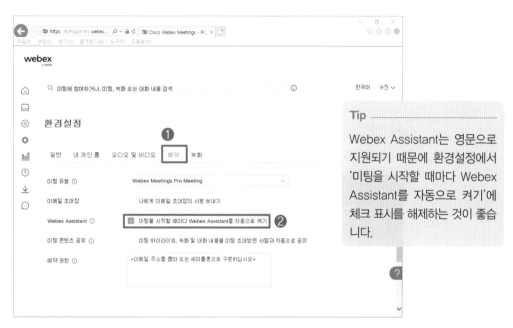

Tip ─────
Webex Assistant는 영문으로 지원되기 때문에 환경설정에서 '미팅을 시작할 때마다 Webex Assistant를 자동으로 켜기'에 체크 표시를 해제하는 것이 좋습니다.

06 미팅이나 강의를 녹화할 때 참가자가 녹화되지 않게 하기 위해 [녹화] 탭에서 미팅에서 콘텐츠를 공유했을 때를 '포커스 콘텐츠'를 선택한 다음 [저장]을 클릭합니다.

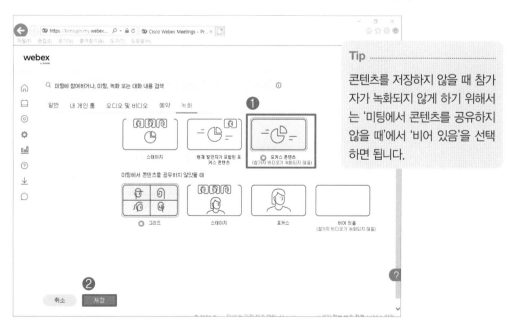

Tip ─────
콘텐츠를 저장하지 않을 때 참가자가 녹화되지 않게 하기 위해서는 '미팅에서 콘텐츠를 공유하지 않을 때'에서 '비어 있음'을 선택하면 됩니다.

Section 07 미팅 예약하기

미팅이나 강의 일정에 맞게 예약을 하여 예약 날짜와 시간을 메일이나 메신저로 참가자들에게
일정을 보내는 방법에 대해 알아보겠습니다.

01 웹엑스(https://webex.com/ko) 사이트에 [로그인]을 클릭하여 아이디를 입력한 다음
[로그인]을 클릭합니다.

02 웹엑스 로그인 화면에서 [다음]을 클릭합니다.

03 본인의 계정을 선택한 다음 [계속]을 클릭합니다.

04 비밀번호 입력 화면에서 본인 계정의 **비밀번호를 정확히 입력한** 다음 [로그인]을 클릭합니다.

05 미팅 예약하기 위해 ▭(미팅)을 클릭한 다음 [내 Webex Meetings] 화면에서 [미팅 예약하기]를 클릭합니다.

06 [미팅 예약하기] 화면에서 **미팅 주제**와 **미팅 비밀번호**를 입력합니다. 미팅 날짜와 시간을 설정하기 위해 **날짜 및 시간**을 클릭합니다.

Tip
미팅 비밀번호는 최소 4글자로 작성하며, 회사명, 사용자 이름, 특수 문자(공백, ₩, ' ,", &, 〈, 〉, =, [,])를 사용할 수 없습니다.

07 일정표가 나타나면 **미팅 날짜와 시간, 지속 시간을** 설정한 후 [완료]를 클릭합니다.

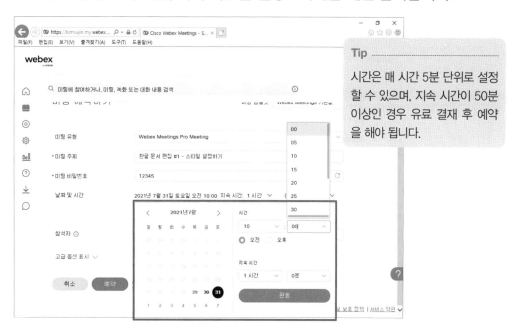

> **Tip**
> 시간은 매 시간 5분 단위로 설정할 수 있으며, 지속 시간이 50분 이상인 경우 유료 결재 후 예약을 해야 됩니다.

08 미팅에 참석할 사람의 메일로 미팅 정보를 전송하기 위해 **참석자란**에 미팅 참석 예정자의 이메일 주소를 콤마(,) 또는 세미콜론(;)으로 구분하여 입력합니다.

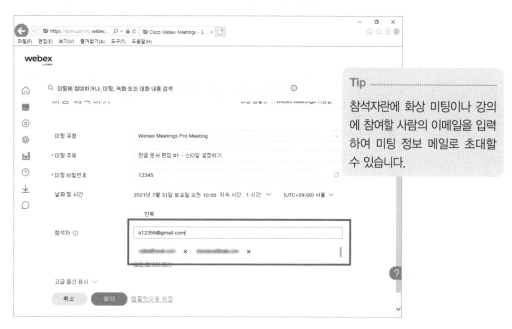

> **Tip**
> 참석자란에 화상 미팅이나 강의에 참여할 사람의 이메일을 입력하여 미팅 정보 메일로 초대할 수 있습니다.

09 참가자의 오디오 설정을 위해 [고급 옵션 표시]를 클릭합니다.

10 고급 옵션에서 [오디오 연결 옵션]을 클릭한 다음 참석자 음소거에 '참석자가 미팅에서 자신을 음소거 해제하도록 허용'에 체크 표시를 해제하고, '미팅에 참여할 때 참석자를 항상 음소거'에 체크 표시를 한 다음 [예약]을 클릭합니다.

11 다음과 같이 미팅이 예약된 것을 확인할 수 있습니다.

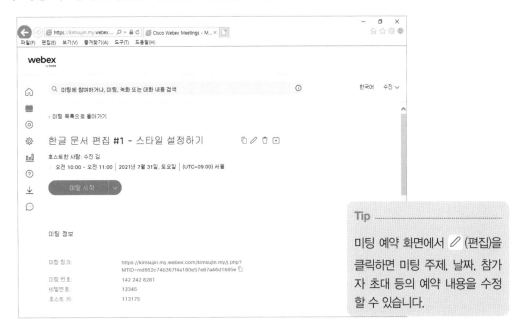

Tip

미팅 예약 화면에서 ✐ (편집)을 클릭하면 미팅 주제, 날짜, 참가자 초대 등의 예약 내용을 수정할 수 있습니다.

12 Cisco Webex Meetings 프로그램에서 ↺ (새로 고침)을 클릭하면 예약된 미팅을 확인할 수 있습니다.

Section 08 미팅 예약 변경하기

예약한 미팅이나 강의를 다른 일정으로 변경할 수 있습니다.

01 미팅을 예약을 변경하기 위해 Cisco Webex Meetings 프로그램에서 [예약]을 클릭합니다.

02 웹엑스 미팅 예약하기 화면에서 ⌂ (홈)을 클릭합니다. 본인의 개인 룸 화면으로 예정된 미팅이 표시되면 변경할 미팅을 클릭합니다.

03 예약 상세 화면이 나타나면 ✎ (편집)을 클릭합니다.

04 시간을 클릭하여 날짜와 시간을 수정한 후 [완료]를 클릭한 다음 [저장]을 클릭합니다.

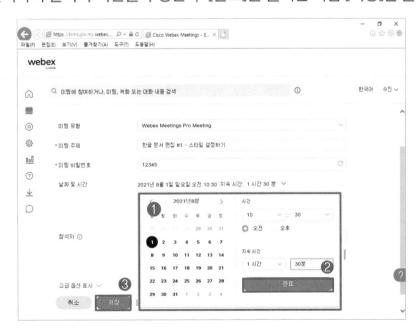

05 다음과 같이 미팅 일정이 수정된 것을 확인할 수 있습니다.

06 Cisco Webex Meetings 프로그램에서 ↻ (새로 고침)을 클릭하면 수정된 미팅 날짜를 확인할 수 있습니다.

Section 09 미팅 초대하기

미팅이나 강의에 참여할 사용자에게 이메일로 초대하거나, 미팅 링크 주소를 이용하여 카카오톡이나 메신저로 초대할 수 있습니다.

01 미팅에 참여할 대상을 초대하기 위해 웹엑스 사이트(https://www.webex.com/ko)에 로그인 합니다. 개인 룸 화면이 나타나면 예정된 미팅 목록에서 **초대할 미팅**을 클릭합니다.

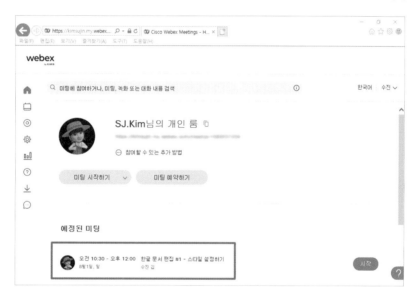

02 화면을 아래로 이동하여 초대할 대상의 **이메일을 입력**하고 Enter 키를 누릅니다.

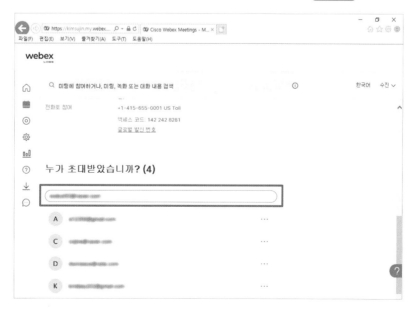

03 만약 초대할 대상을 삭제하려면 해당 아이디의 ⋯ (자세히)에 마우스 포인터를 위치시킨 다음 [제거]를 클릭합니다.

04 [참석자 제거] 대화상자에서 [확인]을 클릭합니다.

05 카카오톡 또는 메신저로 초대하기 위해 ⎘ (복사)를 클릭하여 링크 주소를 복사합니다.

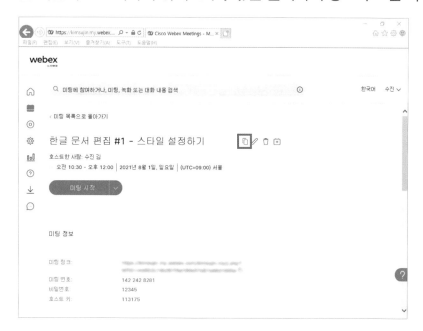

06 다음과 같이 클립보드에 액세스 허용 유무 대화상자가 나타나면 [액세스 허용]을 클릭합니다.

07 메신저 창에서 마우스 오른쪽 단추를 클릭하여 [붙여 넣기]를 클릭한 후 [전송]을
클릭합니다.

Tip 회의 룸에서 초대하기

01. 개인 룸에서 ⋯(추가옵션)을 클릭하여 [🅰 초대 및 알림]을 선택합니다.

02. 초대 및 알림 화면에서 초대할 사람의 이메일 주소를 입력한 다음 [보내기]를 클릭합니다.

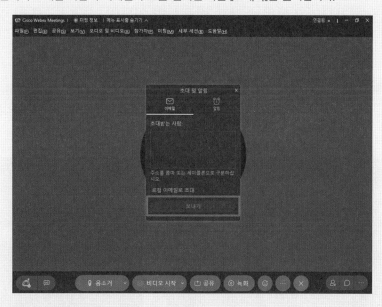

미팅 링크 복사하기

⬤⬤⬤(추가옵션)-[미팅 링크 복사]를 클릭하거나 제목 표시줄에 [⬤ 미팅 정보]를 클릭하여 미팅 링크를 복사할 수 있습니다.
복사한 미팅 정보를 카카오톡이나 SNS 메신저에 붙여 넣어 상대방을 초대합니다.

참가자 관리하기

특정 참가자를 로비(대기실)로 잠시 이동시키거나 참가자의 비디오 아래 이름을 표시할 수 있습니다. 또한 모든 참가자의 이름을 숨기고, 발표자만 이름이 나타나도록 할 수 있습니다.

01 미팅을 시작한 다음 메뉴 바에서 🖧(참가자)를 클릭합니다. 로비에 대기자가 있는 경우 참가자 창에 참가자가 대기하고 있다는 표시가 나타납니다. 참가자를 회의에 참여시키기 위해 [허용]을 클릭합니다.

02 다음과 같이 로비에 대기 중이던 참가자가 미팅에 참여되며, 참가자가 비디오를 켜지 않고 입장하면 참자가의 이름만 표시됩니다.

03 특정 참가자를 잠시 로비로 이동시키기 위해 참가자 목록에서 로비로 이동시킬 참가자 이름에서 **마우스 오른쪽 단추를 클릭하여 [로비로 이동]**을 클릭합니다.

Tip ─────────────

퇴출 : 미팅을 방해하는 참가자는 미팅 방에서 강제로 퇴출할 수 있습니다. 퇴출된 참가자가 다시 미팅에 참여하는 경우 호스트가 [허용]을 해야 참여가 가능합니다.

04 OO님을 로비로 이동시킬 것인지 묻는 대화상자가 나타나면 [예]를 클릭합니다.

05 해당 참가자가 로비로 이동되면 참가자 목록에 로비에서 대기하고 있다는 메시지가 나타납니다. 다시 미팅에 참여 시키기 위해 [허용]을 클릭합니다.

06 참가자의 이름을 표시하기 위해 [⊞ 레이아웃]을 클릭하여 [모든 이름 표시]를 클릭합니다.

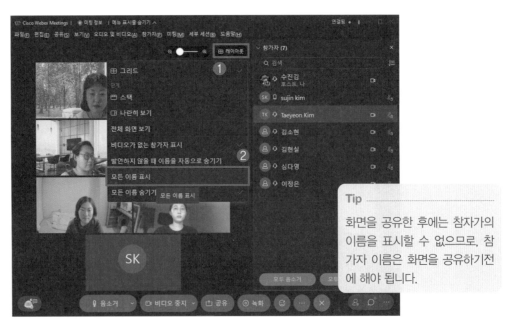

> **Tip**
>
> 화면을 공유한 후에는 참자가의 이름을 표시할 수 없으므로, 참가자 이름은 화면을 공유하기전에 해야 됩니다.

07 현재 발언 중인 참가자의 이름만 표시하려면 [⊞ 레이아웃]을 클릭하여 [발언하지 않을 때 이름을 자동으로 숨기기]를 클릭합니다.

08 발언하는 참가자의 이름만 화면에 표시되며, 발언을 하지 않는 참가자는 이름이 표시되지 않습니다.

참가자 레이아웃 설정하기

미팅 중에 비디오 레이아웃을 전환하여 다른 참가자의 비디오 또는 현재 발언하고 있는 사용자, 공유된 콘텐츠에 집중할 수 있습니다.

01 미팅 화면의 기본 레이아웃은 '**그리드**'로 설정되어 있습니다. 그리드 레이아웃에서는 최대 25명의 미팅 참가자의 비디오 화면을 볼 수 있습니다.

02 회의 발언자를 화면 중앙에 표시하기 위해 [⊞ 레이아웃]을 클릭하여 [스택]을 선택합니다.

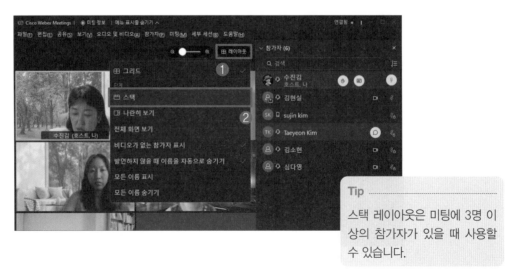

> **Tip**
> 스택 레이아웃은 미팅에 3명 이상의 참가자가 있을 때 사용할 수 있습니다.

03 스택 레이아웃은 최대 6명의 다른 참가자의 섬네일 비디오 아래에 현재 발언하는 사용자의 비디오 화면이 표시됩니다.

04 이번에는 [☐ 레이아웃]을 클릭하여 [나란히 보기]를 선택하면 최대 6명의 다른 참가자의 섬네일 비디오 옆에 현재 기본 비디오에서 말하고 있는 사용자가 표시됩니다.

> **Tip**
> 나란히 보기 레이아웃은 미팅에 3~25명의 참가자가 있을 때 사용할 수 있습니다.

권한 설정 변경하기

Webex 미팅, 개인 룸 미팅, 이벤트 및 교육 세션에서 다른 사용자를 호스트로 지정할 수 있으며, 미팅을 진행하는 동안 다른 참가자를 추가 또는 제거하거나 음소거 등의 미팅 제어를 관리할 수 있습니다.

01 참가자 목록에서 공동 호스트로 지정할 사용자 이름에서 마우스 오른쪽 단추를 클릭하여 [역할 변경]-[공동 호스트로 지정]을 선택합니다.

02 [공동 호스트로 지정] 창이 나타나면 [확인]을 클릭합니다.

03 공동 호스트는 참가자 목록 이름 아래 '공동 호스트'가 표시되며, 공동 호스트는 호스트 역할과 유사한 권한을 제공해 원활한 미팅을 진행할 수 있도록 할 수 있습니다.

> **Tip**
> 권한 설정은 유료 계정에서만 가능합니다.

04 공동 호스트로 지정된 참여자 이름에서 마우스 오른쪽 단추를 클릭하여 [역할 변경]-[공동 호스트 역할 제거]를 선택하여 공동 호스트 지정을 취소할 수 있습니다.

화상 회의 또는 강의 중에 컴퓨터에 있는 자료뿐만 아니라 거의 모든 유형의 콘텐츠를 공유하여 모든 사람에게 정보를 제공할 수 있습니다.

01 미팅 룸에서 [🖳 공유]를 클릭합니다.

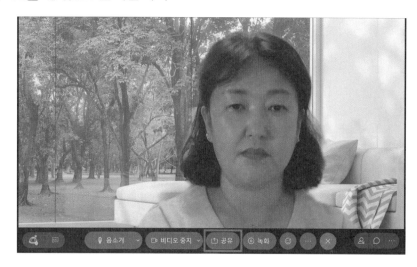

02 [콘텐츠 공유] 창에서 공유할 화면을 선택하고 '자동으로 최적화'를 선택한 다음 [공유]를 클릭합니다.

Tip

● 자동으로 최적화 : 공유된 콘텐츠 유형에 따라 최고의 프레임 속도 및 해상도를 선택합니다.

● 텍스트 및 이미지에 대해 최적화 : 텍스트 및 이미지를 최고의 해상도로 선명하게 표시합니다.

● 동작 및 비디오에 대해 최적화 : 일부 해상도를 낮춰 다른 사용자가 공유 비디오, 애니메이션 등을 더욱 자연스럽게 화면에 표시할 수 있습니다.

03 화면 위에 컨트롤 상자가 표시되며, '이 화면을 공유하고 있습니다.'가 표시됩니다.

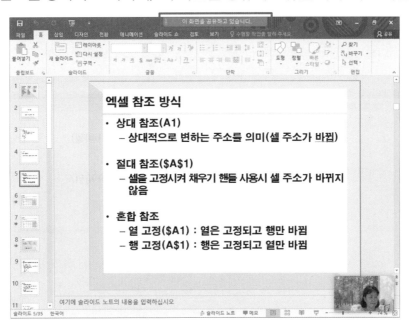

04 화면 오른쪽 아래 호스트의 비디오가 표시되며, 마우스 포인터를 비디오 화면에 위치하여
🔽(최소화)를 클릭하면 셀프 비디오 화면이 최소화 됩니다.

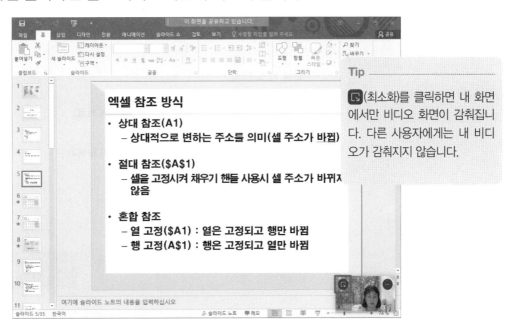

> **Tip**
> 🔽(최소화)를 클릭하면 내 화면
> 에서만 비디오 화면이 감춰집니
> 다. 다른 사용자에게는 내 비디
> 오가 감춰지지 않습니다.

05 다시 화면을 이전 상태로 되돌리기 위해 오른쪽 아래 표시된 🔳(창 복원)을 클릭합니다.

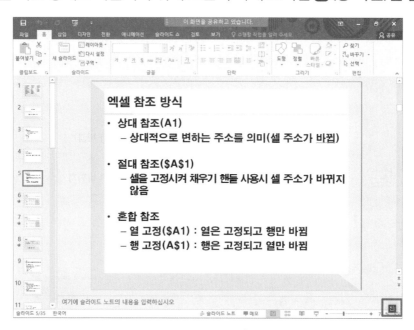

06 비디오 화면이 최소화 되기 이전의 상태로 되돌려 집니다.

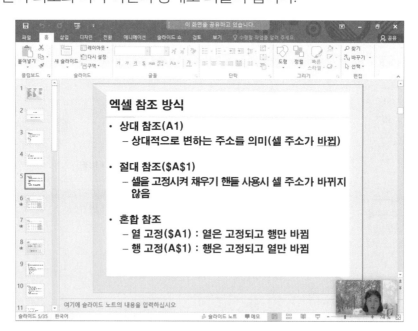

07 공유를 중지하기 위해 마우스 포인터를 화면 위로 이동시켜 컨트롤 메뉴가 나타나면 [공유 중지]를 클릭합니다.

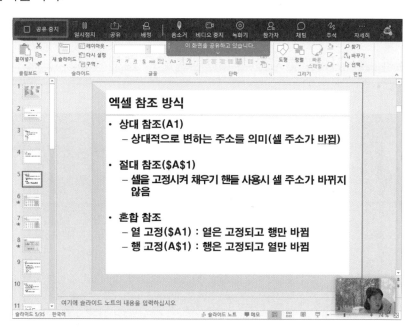

Tip **다른 공유 선택하기**

화면 공유 중 컨트롤 메뉴에서 [⬆️ 공유]를 클릭하여 웹 브라우저 공유, 멀티미디어 공유, 내 미팅 창 공유 등을 지정할 수 있습니다.

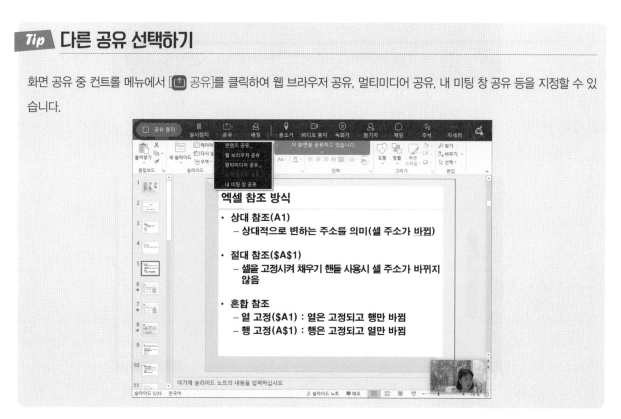

화이트보드로 회의 진행하기

새로운 아이디어와 같은 내용을 화이트보드 펜이나 텍스트 등의 도구를 이용하여 작성할 수 있습니다.

01 개인 룸 방에서 [📤 공유]를 클릭합니다. 콘텐츠 공유 창에서 [화이트보드]를 선택한 다음 [새 화이트보드]를 더블클릭합니다.

02 화이트보드 창이 열리고, 다음과 같이 비디오 회의 응용 프로그램에서 참여한 사용자의 공유 안내 창이 나타나면 [확인]을 클릭합니다.

03 텍스트 또는 펜 색을 변경하기 위해 ◻(색)을 클릭하여 '**검정색**'을 선택합니다.

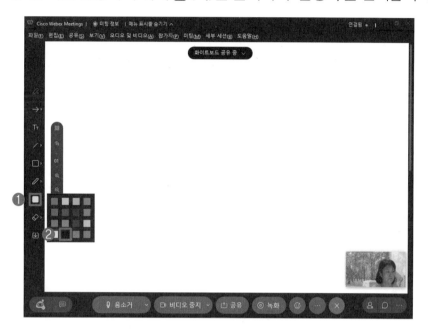

04 글꼴 서식을 변경하기 위해 [**편집**]을 클릭하여 [**글꼴**]을 선택합니다.

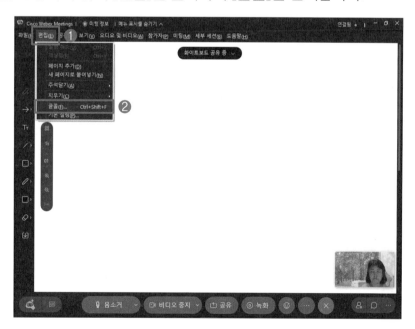

05 [글꼴] 대화상자에서 글꼴은 '굴림', 글꼴 스타일은 '굵게', 크기는 '24'pt로 설정하고 [확인]을 클릭합니다.

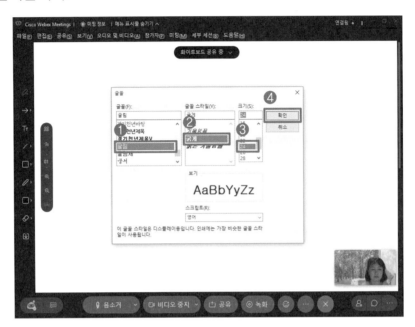

06 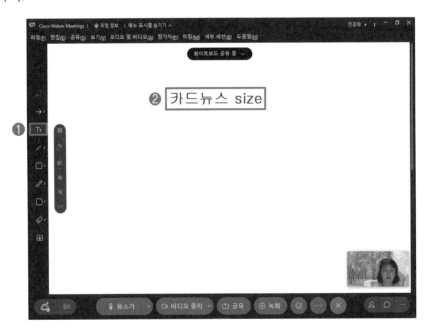 (텍스트)를 클릭한 다음 화이트보드에 텍스트가 입력될 위치를 클릭하여 내용을 입력합니다.

07 ▣(사각형 모양)을 클릭합니다. 원하는 위치에서 드래그하여 사각형을 그립니다.

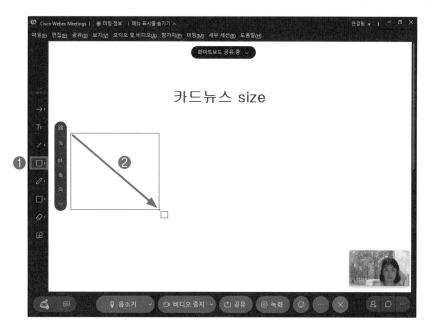

08 같은 방법으로 다음과 같이 도형을 그립니다. 삽입한 도형을 지우기 위해 ◇(지우개)를 클릭한 후 그려진 도형을 클릭하여 지울 수 있습니다.

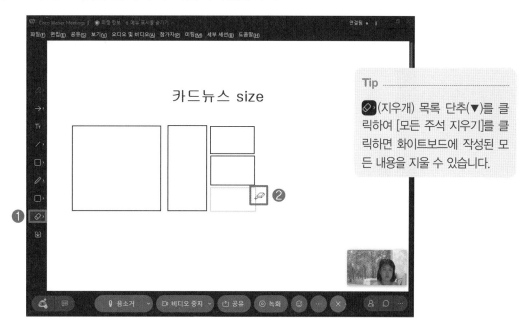

Tip
◇(지우개) 목록 단추(▼)를 클릭하여 [모든 주석 지우기]를 클릭하면 화이트보드에 작성된 모든 내용을 지울 수 있습니다.

[편집]-[페이지 추가]를 클릭하면 화이트보드에 새로운 페이지가 삽입되고, 화이트보드의 컨트롤 상자에서 ▦(섬네일 보기)를 클릭하여 화이트보드의 전체 내용을 작은 이미지로 확인할 수 있으며, 원하는 페이지를 클릭하여 빠르게 이동할 수 있습니다.

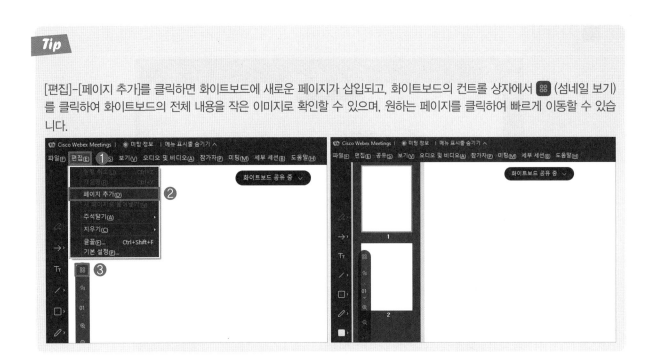

09 작성한 주석을 저장하기 위해 🖫(저장)을 클릭합니다. [다른 이름으로 저장] 대화상자에서 파일 형식을 'Portable Document Format(*.pdf)'로 지정하고 파일명을 입력한 후 [저장]을 클릭합니다.

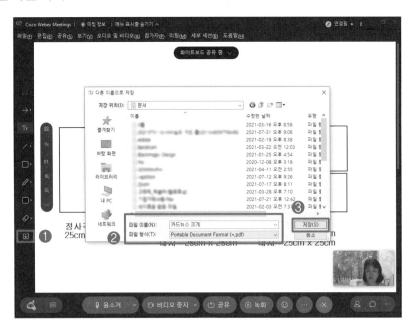

10 화이트보드 공유를 중지하기 위해 [화이트보드 공유 중] 목록 단추(▼)를 클릭하여 ⊠(닫기)를 클릭합니다.

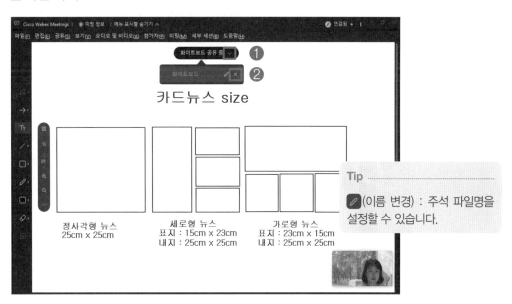

11 [콘텐츠 탭 닫기] 대화상자에서 [예]를 클릭합니다.

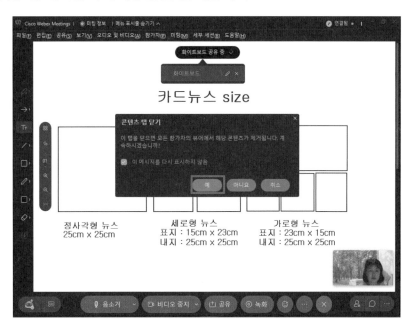

Tip 화이트보드 화면 구성

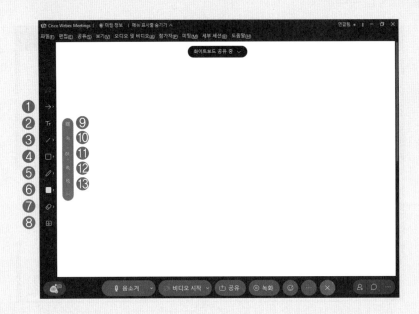

① →(화살표 포인터) : 마우스 포인터를 화살표 포인터 또는 레이저 포인터로 설정할 수 있습니다.

② Tᴛ(텍스트 도구) : 텍스트를 입력할 수 있습니다.

③ ✏(줄) : 직선, 단일 화살촉, 이중 화살촉을 그릴 수 있습니다.

④ ☐(사각형 모양 그리기) : 사각형 모양이나 타원 모양, ∨, × 표시를 삽입할 수 있습니다.

⑤ ✎(펜 도구) : 펜이나 연필 도구를 선택하여 가는 선 또는 굵은 선으로 그림을 그릴 수 있습니다.

⑥ ☐(주석 색상) : 텍스트, 선, 사각형 등의 색을 설정할 수 있습니다.

⑦ ◇(지우개) : 텍스트, 선, 사각형 등을 지울 수 있습니다.

⑧ ⬆(저장) : 작성한 주석을 저장할 수 있습니다.

⑨ ▦(섬네일 보기) : 섬네일 창이 열리고, 작성한 주석 페이지가 작은 그림으로 표시됩니다.

⑩ ℳ(주석) : 주석 도구를 표시하거나 감춥니다.

⑪ 01(페이지 이동) : 주석 페이지를 이동할 수 있습니다.

⑫ ⊕(확대) : 주석 화면을 확대합니다.

⑬ ⊖(축소) : 주석 화면을 축소합니다.

Section 15

미팅 녹화하기

회의나 강의의 진행 내용을 녹화하여 회의가 종료된 다음 회의 내용을 참가자에게 공유할 수 있습니다. 회의 진행 내용, 오디오, 비디오, 프레젠테이션 등이 포함된 내용이 녹화됩니다.

01 웹엑스 사이트(http://www.webex.com/ko)에 접속하여 로그인 합니다. 개인 룸 웹 페이지가 열리면 ⚙️(환경설정)을 클릭한 다음 [녹화] 탭을 선택합니다.

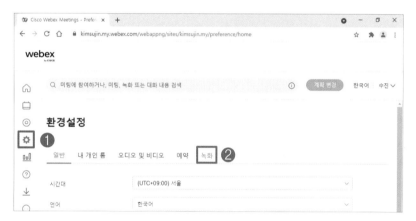

02 녹화 레이아웃 화면에서 콘텐츠를 공유할 때와 공유하지 않을 때 모두 참석자가 녹화되지 않도록 하기 위해 '포커스 콘텐츠', '비어 있음'을 선택합니다.

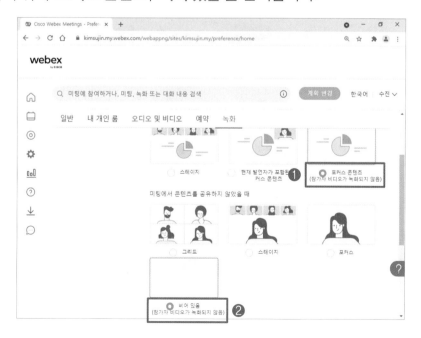

03 화면을 아래로 이동한 다음 [저장]을 클릭하여 환경설정을 저장합니다.

04 웹엑스 프로그램의 미팅 개인 룸에서 [⊙ 녹화]를 클릭합니다.

05 녹화기의 목록 단추(▼)를 클릭하여 [내 컴퓨터에 녹화]를 선택한 후 [녹화]를 클릭합니다.

10 [녹화된 미팅을 다음으로 저장하기] 대화상자에서 저장 위치를 지정하고 **파일명을 입력**한 다음 [저장]을 클릭합니다.

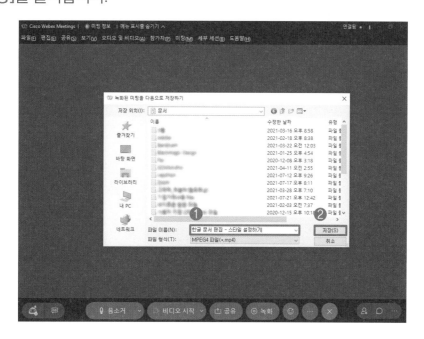

11 [공유]를 클릭하여 [콘텐츠 공유] 창의 [창] 탭에서 공유할 화면을 더블 클릭합니다.

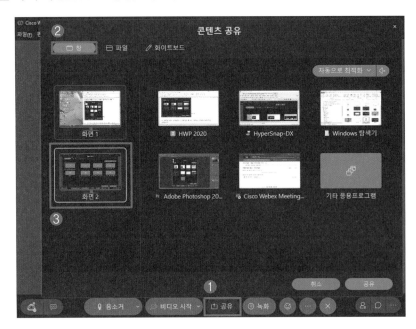

12 녹화를 일시 중지하거나 중지하려면 웹엑스 컨트롤 상자에서 [◉ 녹화기]를 클릭합니다.

13 [녹화기] 창에서 일시정지나 중지를 할 수 있습니다. 녹화를 중지하려면 [◉ 중지]를 클릭합니다.

Tip **클라우드에서 녹화 저장하기**

유료 계정 사용자는 녹화 파일을 클라우드에 녹화할 수 있습니다. 개인 룸에서 [녹화]-[클라우드에서 녹화]를 선택합니다. 웹엑스 개인 룸 웹 페이지의 [녹화] 탭에서 녹화된 미팅을 재생하거나 다운로드 할 수 있을 뿐만 아니라 특정 사람에게 이메일로 공유할 수도 있습니다.

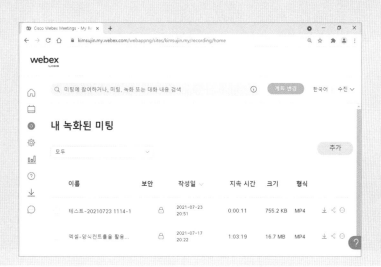

참가자와 채팅하기

채팅 창을 이용하여 참가자와 진행자가 문자로 대화를 할 수 있으며, 다른 참가자가 볼 수 없도록
특정 참가자와 비공개로 문자 대화를 할 수도 있습니다.

01 미팅 룸에서 ◌(채팅)을 클릭합니다.

02 채팅 창이 열리면 참석자 전원에게 메시지를 보내기 위해 저장 위치가 '모두'인지를 확인한
다음 **메시지를 입력합니다.**

03 채팅 창에 입력한 메시지가 표시됩니다. 같은 방법으로 다른 참가자도 채팅에 참여하여 대화를 나눌 수 있습니다.

04 참석자 중 특정 한사람에게 메시지를 보내기 위해 저장 위치 목록 단추(▼)를 클릭한 다음 메시지를 보낼 사람을 선택하고 내용을 입력합니다.

> **Tip**
> 참가자 목록에서 채팅할 사람의 이름에 마우스 포인터를 위치시 킨 다음 🅓(채팅)을 클릭하는 방법으로도 선택한 사람과 비공 개 채팅을 할 수 있습니다.

발표 권한 주기와 반응 보이기

참가자가 회의 참여시 음소거를 설정해 놓은 경우 회의나 강의 중 발표 권한을 주어 음소거를 해제할 수 있으며, 발표자에 대한 칭찬을 이모티콘으로 표현할 수 있습니다.

01 참가자 목록에서 발표 권한을 부여할 사람의 ▓(음소거 해제 요청)를 클릭합니다.

02 해당 참가자가 요청을 받아들이면 마이크를 이용하여 본인이 발표자로서 이야기를 할 수 있습니다.

03 발표 도중에 반응을 표시하고 싶다면 ⊙(반응)을 클릭하여 👍(좋아요)를 클릭합니다.

Tip
핸드 제스처 인식 : 비디오 카메라에 박수나 좋아요를 손동작으로 표시하면 해당 동작이 이모티콘으로 비디오 화면에 표시됩니다.

04 발표가 모두 끝났다면 참가자 목록에서 발표자의 🎤(음소거)를 클릭하여 마이크를 차단 (음소거)합니다.

Section 18 파일 전송하기

화상 미팅나 강의에 참여한 사람들에게 참고 자료를 파일로 전송할 수 있습니다.

01 개인 룸에서 [파일]을 클릭하여 [전송]을 선택합니다.

02 [파일 전송] 창에서 [파일 공유]를 클릭합니다.

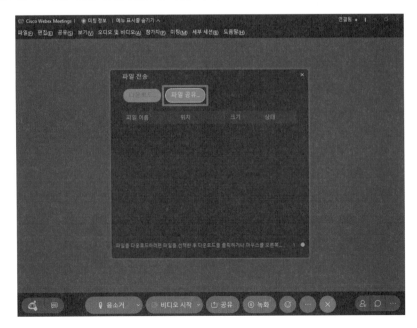

03 [열기] 대화상자에서 **전송할 파일을 선택**하고 [열기]를 클릭합니다.

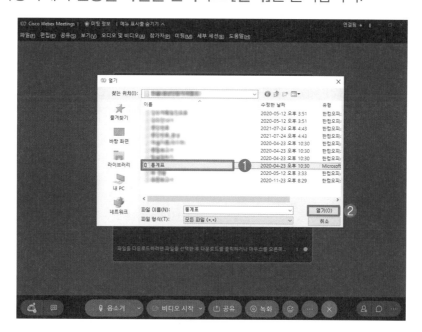

파일 전송 후 다운로드

파일을 전송받은 참가자의 화면에는 다음과 같이 전송된 파일 목록이 표시됩니다. 전송받은 파일을 다운로드하기 위해서는 다운로드 받을 파일을 선택한 다음 [다운로드]를 클릭합니다. [다른 이름으로 저장] 대화상자에서 저장 위치를 지정한 후 [저장]을 클릭합니다 .

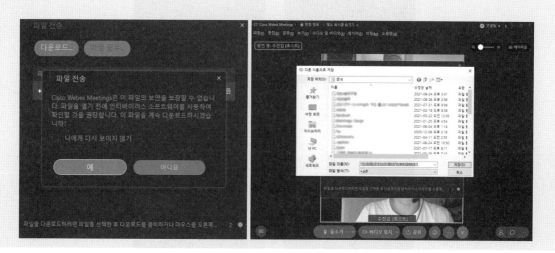

스마트폰으로 미팅 시작하기

스마트폰에서 Cisco Webex Mettings 앱을 설치하여 미팅이나 강의를 시작할 수 있습니다.
컴퓨터에서 사용하는 Cisco Webex Mettings과 같이 채팅이나 공유를 할 수 있습니다.

01 Play 스토어 앱을 실행한 다음 '웹엑스'를 검색합니다. 검색된 Cisco Webex Mettings의
[설치]를 터치합니다. Cisco Webex Mettings 설치가 완료되면 [열기]를 터치합니다.

02 서비스 약관 및 개인정보 보호 정책 화면에서 [수락]을 터치합니다. 계속해서 권한 정보
화면에서 [확인]을 터치합니다.

03 전화를 걸고 관리하도록 허용 유무 화면에서 [허용]을 터치합니다. 스마트폰으로 미팅이나 강의를 진행하기 위해 [로그인]을 터치합니다.

04 웹 엑스 계정 아이디를 입력한 후 [다음]을 터치합니다. Webex 선택 화면에서 본인의 계정 사이트를 선택합니다.

05 비밀 번호를 입력한 다음 [로그인]을 터치합니다. 기기 위치 액세스 허용 유무 확인
화면에서 [앱 사용 중에만 허용]을 터치합니다.

06 오디오 녹음 허용 유무 확인 화면에서 [앱 사용 중에만 허용]을 터치합니다. 다음과 같이
로그인이 되면 [미팅 시작]을 터치합니다.

07 개인 룸에 접속하면 [시작]을 터치합니다. 미팅 룸에 대한 호스트 비디오 주소, 미팅 번호를 확인한 다음 ■(음소거)를 터치하여 오디오를 활성화 시키고 ■(비디오 중지)를 터치합니다.

08 사진 촬영 및 동영상 녹화 허용 유무 확인 화면에서 [앱 사용 중에만 허용]을 터치합니다. 비디오 미리 보기 화면이 나타나면 [내 비디오 시작]을 터치합니다.

> **Tip**
> ▣(카메라 전환)을 터치하여 전면 카메라 또는 후면 카메라로 전환할 수 있습니다.

● 웹엑스 화면에서 ┅(더보기)를 터치하면 녹화, 스피커 및 마이크 설정, 채팅 등을 할 수 있는 메뉴 화면이 나타납니다.

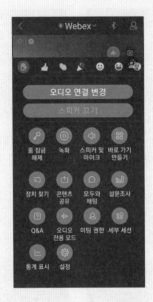

● 간혹 참가자들이 스마트폰으로 호스트(진행자)의 소리가 잘 들리지 않는다는 경우가 있습니다. 이는 미팅 중 스마트폰으로 전화 통화를 한 후 나타나는 현상입니다. 이때 웹엑스 화면에서 ┅(더보기)를 터치하여 ◁)(스피커 및 마이크)를 터치하여 '스피커'를 선택하면 됩니다.

미팅 참여하기

호스트(진행자)로부터 카카오톡이나 이메일 등으로 미팅 방 정보를 받으면 웹에서 미팅에
참여할 수 있습니다.

01 webex 사이트(http://www.webex.com/ko)에 접속하여 [미팅 참여하기]를 클릭합니다.

02 공유 받은 미팅 번호를 정확히 입력한 후 [계속]을 클릭합니다.

03 webex 열기 팝업창에서 [열기]를 클릭합니다.

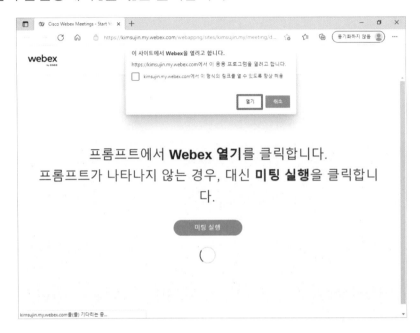

04 미팅 참여 화면에서 [손님으로 참여]를 클릭합니다. 만약 Webex 회원 가입이 되어 있는 경우 이메일 주소를 입력한 후 [로그인]을 클릭합니다.

05 미팅 방에 접속이 되면 [미팅 참여]를 클릭합니다.

카카오톡이나 메일 등 메신저로 미팅 초대를 받은 경우 링크 주소를 클릭하여 보다 쉽게 미팅에 참여할 수 있습니다.

PART 02
OBS Studio

OBS의 개요 및 내 컴퓨터 사양 알아보기

OBS(Open Broadcaster Software)는 오픈 소스 프로그램으로 인터넷 라이브 방송용으로 널리 사용되고 있으며 Windows, Mac, Linux 환경을 지원하고 누구나 무료로 사용할 수 있습니다. OBS를 설치하기 전 내 컴퓨터 사양을 확인하는 방법에 대해 알아보겠습니다.

01 바탕화면의 (내 PC)에서 **마우스 오른쪽 단추**를 클릭한 다음 **[속성]**을 클릭합니다.

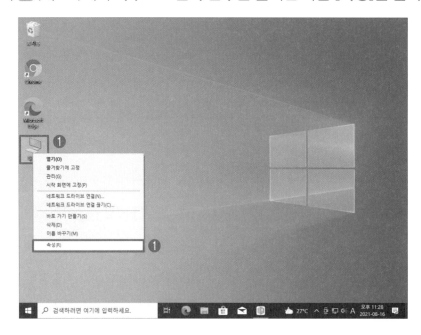

02 **[컴퓨터에 대한 기본 정보 보기]**의 **[시스템]**에서 내 컴퓨터의 Windows 버전이나 시스템 종류 등과 같은 사양을 확인할 수 있습니다.

Tip ....

[시스템 종류]를 보면 64비트 운영 체제를 사용하고 있음을 알 수 있습니다. 이후 OBS를 설치할 때 운영 체제가 64비트인지 32비트인지에 따라 설치 프로그램이 달라집니다.

OBS 다운로드 및 설치하기

OBS Studio는 초보자들이 온라인 방송하기 위해 적합한 프로그램으로 직관적인 인터페이스로 온라인 강의 녹화하기에 쉽게 설정되어 있습니다. OBS Studio를 다운로드하여 설치하는 방법에 대해 알아보겠습니다.

01 크롬 브라우저를 실행하여 'OBS Studio'를 입력하여 검색합니다. 검색된 내용에서 'Open Broadcaster Software'를 클릭합니다.

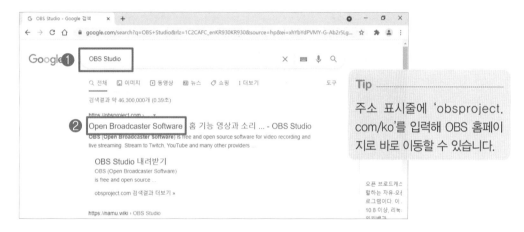

Tip
주소 표시줄에 'obsproject. com/ko'를 입력해 OBS 홈페이지로 바로 이동할 수 있습니다.

02 OBS Studio 화면에서 [홈]을 선택한 다음 [Windows]를 클릭합니다.

Tip
OBS Studio의 [홈] 화면에서 운영체제별로 OBS Studio 프로그램을 다운로드 할 수 있습니다.

03 화면 아래에 파일 다운로드 표시가 됩니다. 다운로드가 완료되면 다운로드 파일 목록(∨)을 클릭한 후 [열기]를 클릭합니다.

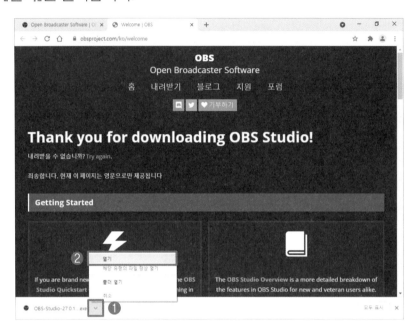

Tip **32비트 운영체제를 사용하는 경우의 설치 방법**

Window10 버전이 32bit일 경우 OBS Studio화면에서 [내려받기]를 클릭한 다음 화면을 아래로 이동하여 [인스톨러 내려받기 (32-bit)]를 클릭합니다.

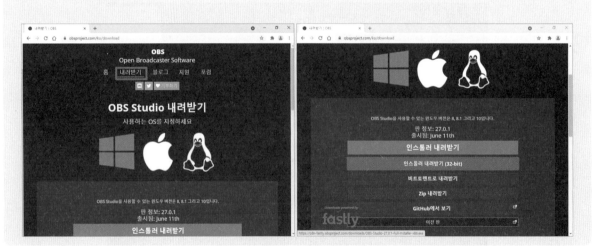

04 다음과 같이 OBS Studio 설치 화면이 나타나면 [Next]를 클릭합니다.

05 라이센스 정보 화면에서 [Next]를 클릭합니다.

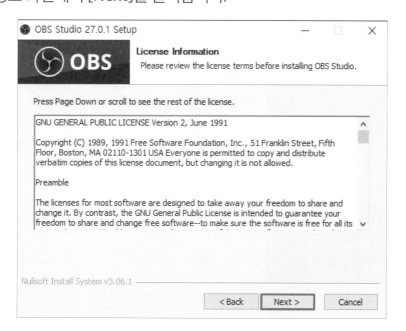

06 OBS Studio가 설치될 위치를 확인한 다음 [Install]을 클릭합니다.

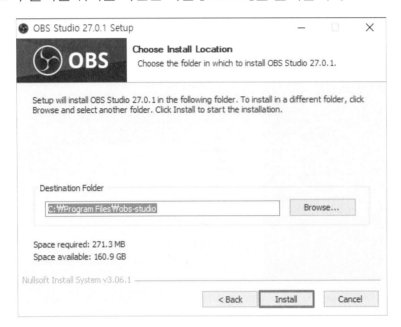

07 잠시 후 OBS Studio 설치 완료 화면이 나타나면 [Finish]를 클릭합니다.

08 다음과 같이 OBS Studio가 실행되면 [구성 마법사] 화면이 나타납니다. 사용 정보 선택 화면에서 '**녹화 최적화, 방송은 하지 않음**'을 선택한 후 [다음]을 클릭합니다.

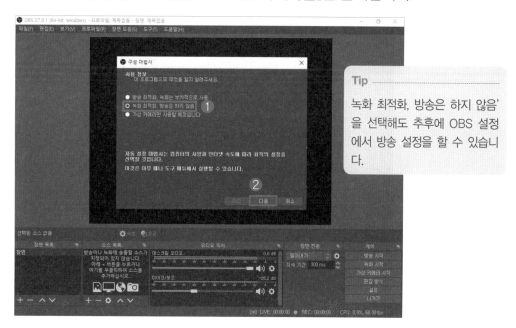

Tip
녹화 최적화, 방송은 하지 않음' 을 선택해도 추후에 OBS 설정 에서 방송 설정을 할 수 있습니다.

09 비디오 설정 화면에서 기본(캔버스) 해상도와 초당 프레임 수의 값을 확인하고 [다음]을 클릭합니다.

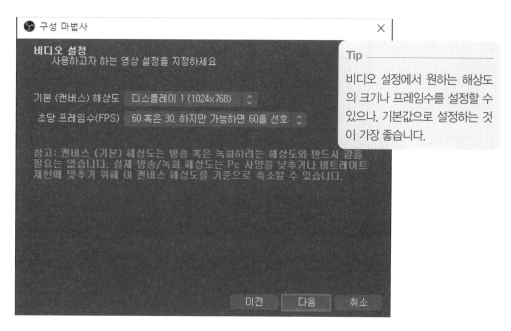

Tip
비디오 설정에서 원하는 해상도 의 크기나 프레임수를 설정할 수 있으나, 기본값으로 설정하는 것 이 가장 좋습니다.

10 구성 마법사 최종 결과 화면이 나타나면 내용을 확인한 후 [설정 적용]을 클릭합니다.

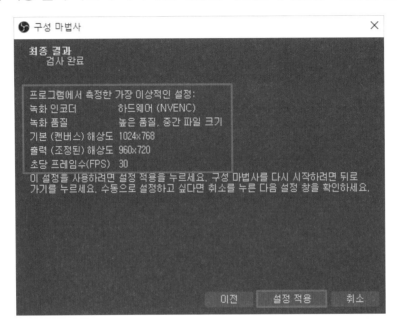

Tip **구성 마법사 표시하기**

구성 마법사는 OBS Studio를 처음 설치한 경우에 나타나며, 만약 구성 마법사 창이 실행되지 않으면 [도구]–[구성 마법사]를 클릭합니다.

Section 03

OBS 화면 구성 알아보기

OBS Studio 화면 구성을 알아보고 기능을 살펴보겠습니다.

① **미리보기 창** : 방송 화면을 미리 확인 할 수 있습니다.

② **장면 목록** : 폴더의 개념으로 여러 개의 소스를 모아서 저장해주며 상황에 맞게 다양한 방송 내용을 저장하고 언제든지 불러들여 사용할 수 있습니다.

③ **소스 목록** : 실제 화면을 구성할 수 있는 단위로 소스를 추가하여 이미지, 캠 화면, PPT 자료화면, 텍스트(자막) 등을 추가할 수 있습니다.

④ **오디오 믹서** : 방송 및 녹화 진행시 음악이 진행되는지, 볼륨이 어떤지 관리할 수 있습니다.

⑤ **제어**

- **방송 시작** : Youtube 스튜디오에서 복사한 스트림 키를 넣은 후 방송시작을 할 때 사용합니다.
- **녹화 시작** : 방송 전 미리 녹화를 하여 방송을 연습할 수 있습니다.
- **설정** : 방송을 하기 위한 일반, 방송, 출력, 오디오 등의 속성 값을 설정할 수 있습니다.
- **나가기** : OBS Studio를 종료 합니다.

OBS 방송 설정하기

OBS 설정을 통해서 파일 저장 경로, 오디오 음질, 장비 설정 등 방송에 중요한 세부설정에 대해 알아보겠습니다. 컴퓨터마다 설정 값이 다르기 때문에 방송을 실행하면서 조절해야 합니다.

■ OBS 방송 설정하기

01 OBS의 [제어] 목록에서 [설정]을 클릭합니다.

02 [설정] 대화상자의 [🖵출력]을 클릭합니다. 출력 방식 목록(▼) 단추를 클릭하여 '고급'을 선택합니다.

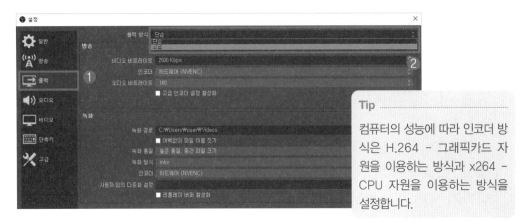

> **Tip**
>
> 컴퓨터의 성능에 따라 인코더 방식은 H.264 - 그래픽카드 자원을 이용하는 방식과 x264 - CPU 자원을 이용하는 방식을 설정합니다.

03 [📺 출력]-[방송] 탭에서 인코더는 'x264', 데이터율 제어는 'CBR', 비트레이트는 '2500Kbps', 키 프레임 간격(초 단위, 0=자동)의 값을 "2"로 설정합니다.

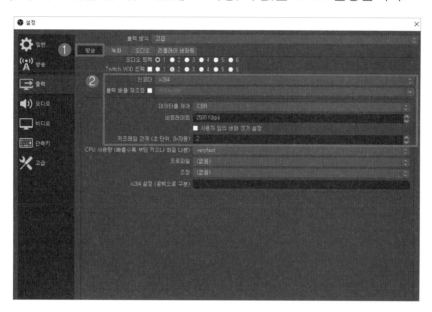

04 [📺 출력]-[녹화] 탭에서 녹화 파일이 저장되는 경로를 지정하고 녹화 형식 목록 단추(▼)를 클릭하여 'mp4'를 선택합니다.

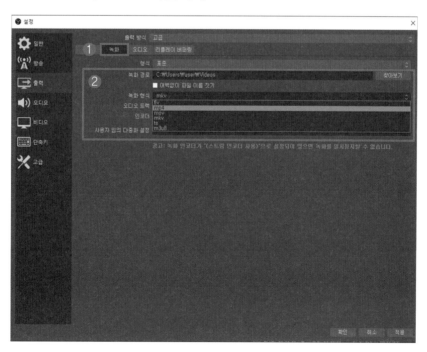

05 [🔊 오디오]를 클릭하여 광역 오디오 장치 목록에서 데스크탑 오디오와 마이크/보조 오디오의 값을 사용할 오디오로 지정합니다.

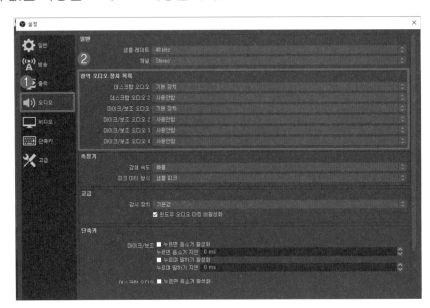

06 [🖥️ 비디오]를 클릭하여 기본(캔버스)해상도를 '1024×768'로 지정한 다음 [적용]을 클릭합니다.

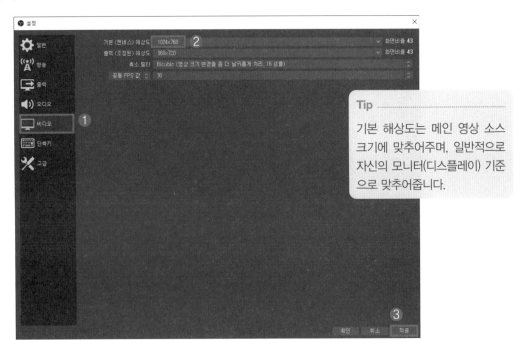

> **Tip**
>
> 기본 해상도는 메인 영상 소스 크기에 맞추어주며, 일반적으로 자신의 모니터(디스플레이) 기준으로 맞추어줍니다.

■ OBS 설정 알아보기

◎ **[⚙일반]** : 언어를 선택하거나 테마를 선택할 수 있고, 방송 시작과 중단 시 확인 대화 상자 표시를 설정할 수 있습니다.

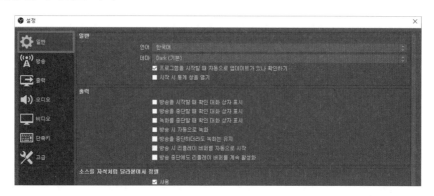

◎ **[🅰방송]** : 서비스(예 : Twitch, Youtube 등)을 선택하고 스트림 키를 입력할 수 있습니다.

◎ **[🖥 출력]** : 인코딩 방식, 녹화 파일의 형식, 파일 저장 경로를 설정 할 수 있습니다. 기본값은 '단순'으로 설정되어 있으나 **'고급'으로 변경**하여 자세히 설정할 수 있습니다.

◎ [🔊 오디오] : 샘플 레이트, 컴퓨터에 설정되어 있는 오디오(음악)와 마이크를 설정합니다.

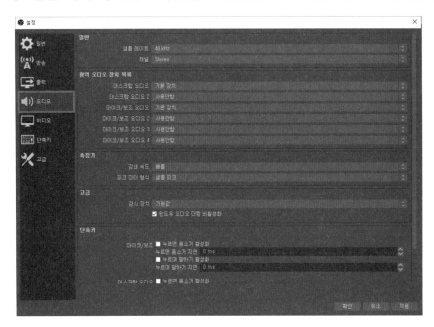

◎ [🖥 비디오] : 방송용 화면 크기를 설정합니다.

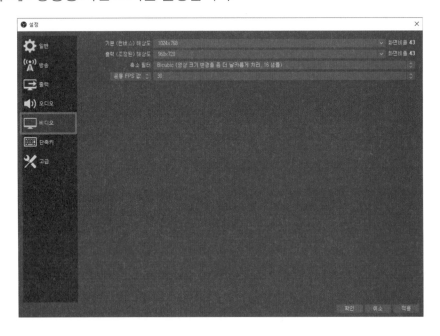

비디오 화면 추가하기

Section 05

컴퓨터에 연결되어 있는 카메라를 이용하여 강사의 모습이 녹화 영상에 보이도록 설정하는 방법에 대해 알아보겠습니다.

01 비디오 화면을 추가하기 위해 OBS 프로그램의 [소스 목록] 영역에서 ➕(추가)를 클릭합니다.

02 소스 목록 중에서 [비디오 캡쳐 장치]를 클릭합니다.

03 [소스 만들기/선택] 대화상자에서 새로 만들기에 이름을 입력한 후 [확인]을 클릭합니다.

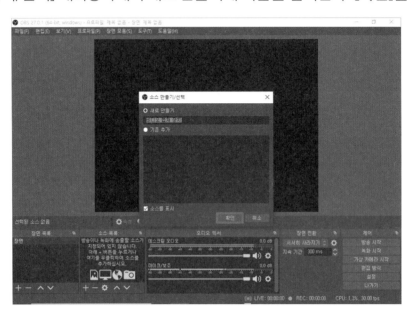

04 [비디오 캡쳐 장치 속성] 대화상자에 미리보기 화면과 내 컴퓨터에 연결된 카메라 장치 이름이 표시되면 [확인]을 클릭합니다.

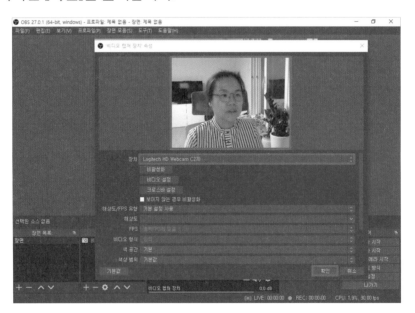

05 소스 목록 영역에 [비디오 캡쳐 장치]가 추가 되었습니다. 미리보기 영역에 있는 화면의
빨간색 조절점을 드래그하여 화면 크기를 조절합니다.

06 소스 목록에서 '비디오 캡쳐 장치'를 선택한 다음 ➖(제거)를 클릭합니다. [제거 확인]
대화상자에서 [예]를 클릭합니다.

06 컴퓨터 송출 화면 추가하기

방송 영상을 만들기 위해 컴퓨터 송출 화면을 추가합니다. 모니터는 단일 모니터보다는 듀얼 모니터 환경을 추천하며, 메인 모니터에서는 OBS를 실행하고 다른 모니터에서는 실제 녹화될 화면을 띄워놓고 영상을 만들 수 있습니다.

01 OBS 프로그램의 [소스 목록] 영역에서 ➕(추가)를 클릭합니다.

02 컴퓨터 송출 화면을 추가하기 위해 [디스플레이 캡쳐]를 클릭합니다.

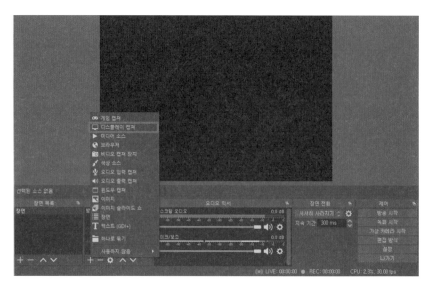

03 [소스 만들기/선택] 대화상자에서 새로 만들기 이름을 입력한 다음 [확인]을 클릭합니다.

04 [디스플레이 캡쳐 장치 속성] 대화상자에 송출할 컴퓨터 화면이 보이면 [확인]을 클릭합니다.

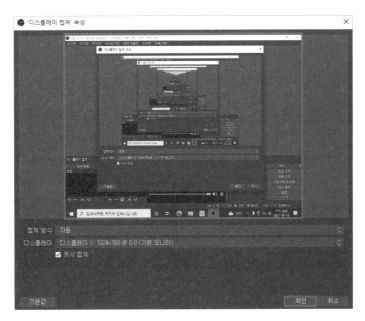

Tip 듀얼 모니터 경우의 송출 화면 선택

듀얼 모니터로 설정되어 있다면 아래 부분에 있는 [디스플레이] 항목에서 디스플레이 1 또는 디스플레이 2를 선택하여 송출할 화면을 선택합니다.

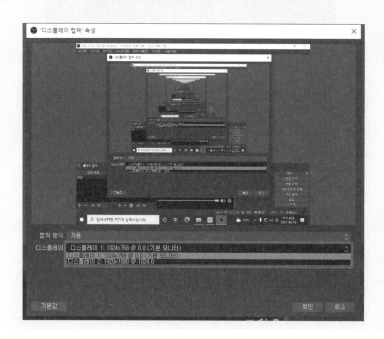

05 소스 목록 영역에 [디스플레이 캡쳐]가 추가된 것을 확인할 수 있습니다. 미리보기 영역에 있는 화면의 빨간색 조절점을 이용하여 화면 크기를 조절합니다.

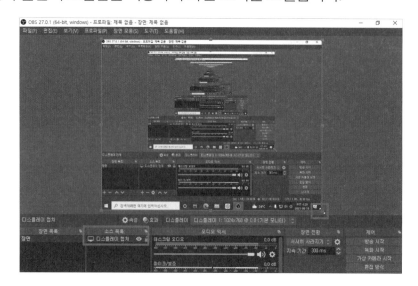

Section 07 크로마 키로 합성하기

강의를 진행하는 강사의 화면 뒤에 배경이 안보이도록 크로마 키를 설정하는 방법에 대해 알아보겠습니다. 크로마 키로 합성을 할 경우 강사 뒤로 크로마 키 천을 설치해야 됩니다.

01 소스 목록에서 [비디오 캡쳐 장치]를 클릭합니다.

02 [비디오 캡쳐 장치]를 선택한 후 오른쪽 마우스에서 [효과]를 클릭합니다.

03 [효과 필터] 아래에 있는 ➕(추가)를 클릭한 다음 [크로마 키]를 선택합니다.

04 [필터 이름] 지정 대화 상자에서 크로마 키 이름을 입력한 후 [확인]을 클릭합니다. 크로마 키 이름은 사용자가 변경하거나 기본 이름으로 사용해도 됩니다.

05 크로마 키 배경색에 따라 키 색상 형식 목록 단추(▼)를 클릭하여 크로마 키 천의 색상과 같은 색을 선택합니다.

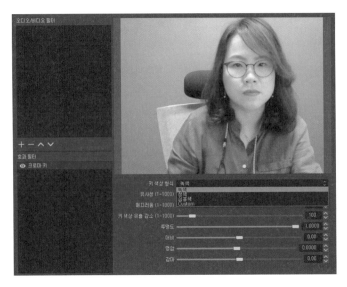

06 유사성, 매끄러운, 키 색상 유출 감소 값을 적당히 조절하여 자연스럽게 합성이 되도록 한 후 [닫기]를 클릭합니다.

07 다음과 같이 강사 비디오 화면과 합성이 된 것을 확인할 수 있습니다.

이미지 화면 추가하기

다양한 강의 화면을 보여주기 위해 이미지 파일로 변환을 하게 됩니다. 1개의 이미지를 추가할 때 사용하는 경우와 여러 개의 이미지를 사용할 때 필요한 방법을 알아보겠습니다.

01 OBS 프로그램의 [소스 목록] 영역에서 ➕(추가)를 클릭합니다.

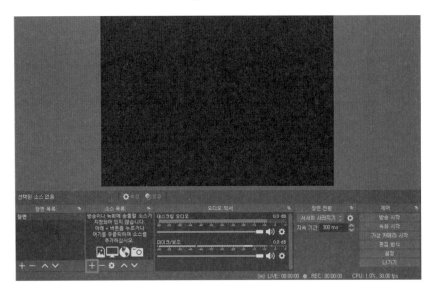

02 이미지 화면을 추가하기 위해 소스 목록에서 [이미지]를 클릭합니다.

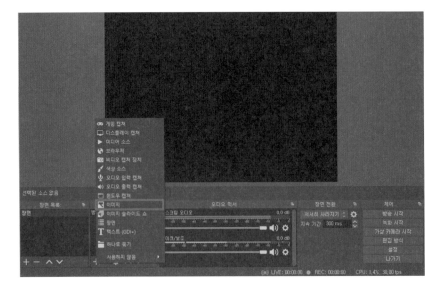

03 [소스 만들기/선택] 대화상자에서 새로 만들기에 이름을 확인한 후 [확인]을 클릭합니다.

04 [이미지 속성] 대화상자에서 이미지를 선택하기 위해 [찾아보기]를 클릭합니다.

05 [이미지 파일] 대화상자에서 원하는 이미지를 선택한 후 [열기]를 클릭합니다.

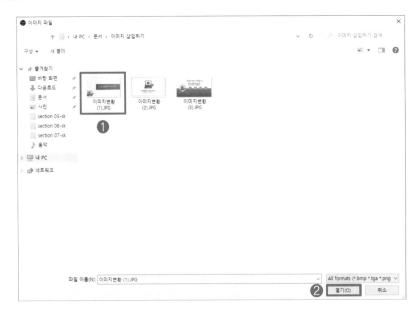

06 다음과 같이 이미지가 삽입되며 소스 목록에 이미지 소스가 삽입되었습니다. 이 때 화면 크기는 빨간 조절점을 이용하여 크기 변경이 가능합니다.

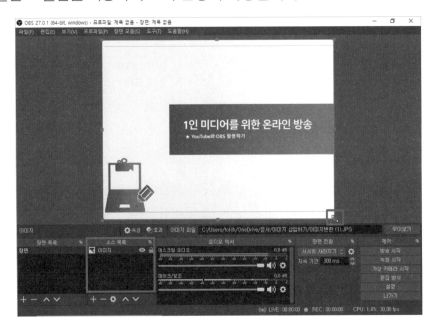

07 이미지를 여러 장 보이게 하고 싶을 경우 소스 목록 영역에서 ➕**(추가)**를 클릭합니다.

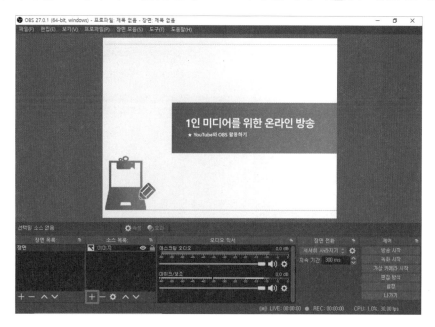

08 여러 장의 이미지 화면을 추가하기 위해 소스 목록에서 [이미지 슬라이드 쇼]를 클릭합니다.

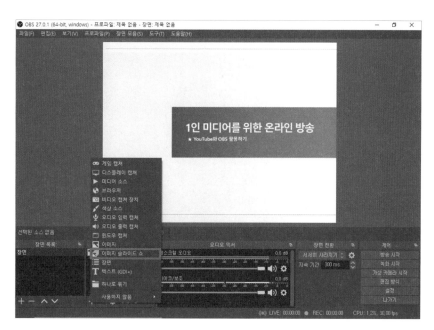

09 [소스 만들기/선택] 대화상자에서 새로 만들기 이름을 학인한 후 **[확인]**을 클릭합니다.

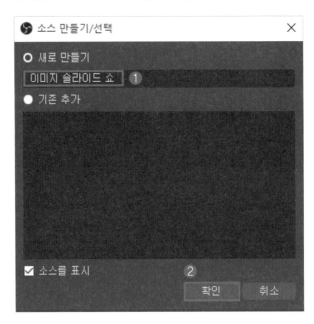

10 [이미지 슬라이드 쇼 속성] 대화상자의 **슬라이드 바를 아래로 이동**한 다음 **[이미지 파일 형식]** 영역에 있는 ➕**(추가)**를 클릭한 다음 **[파일 추가]**를 선택합니다.

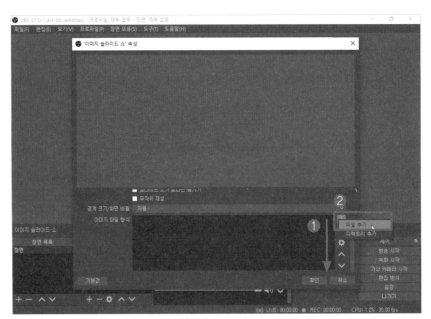

11 [이미지 파일 형식에 파일 추가] 대화상자에서 ⌈Ctrl⌉키를 누른 상태로 **추가할 이미지를 여러 개 선택**한 다음 **[열기]**를 클릭합니다.

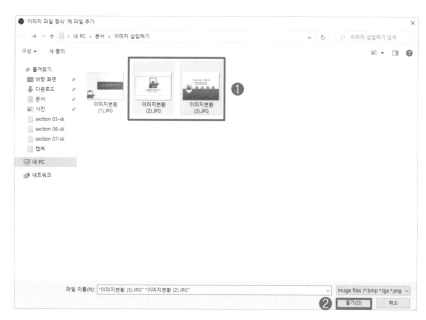

12 '이미지 파일 형식' 영역에서 선택한 이미지가 추가 되면 **[확인]**을 클릭합니다.

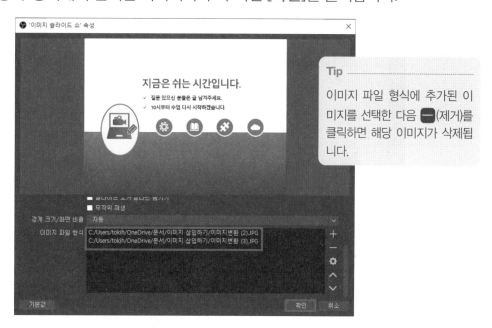

> **Tip**
> 이미지 파일 형식에 추가된 이미지를 선택한 다음 ▬(제거)를 클릭하면 해당 이미지가 삭제됩니다.

13 다음과 같이 소스 목록에 '이미지 슬라이드 쇼' 목록이 삽입되었으며 이미지들이 슬라이드 쇼처럼 보입니다. 이 때 화면 크기는 빨간 조절점을 이용하여 크기 변경이 가능합니다.

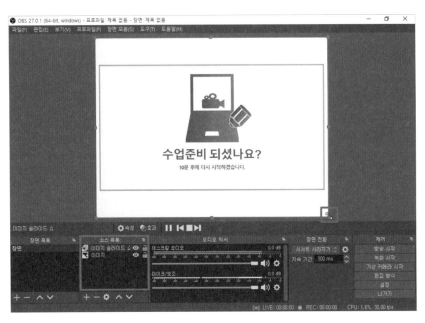

14 삽입한 소스를 삭제하기 위해 삭제할 소스에서 마우스 오른쪽 단추를 클릭하여 [제거]를 선택합니다. '이미지 슬라이드 쇼' 삭제 유무를 묻는 대화상자에서 [예]를 클릭합니다.

YouTube로 온라인 방송하기

Section 09

YouTube와 OBS를 이용하여 온라인 방송 하는 법을 알아보겠습니다. YouTube의 스트리밍 방송은 채널을 개설 한 후 24시한 후에 방송을 할 수 있습니다. 만약 YouTube에 개인 채널이 없는 경우 먼저 채널 개설부터 해야 됩니다.

01 유튜브 사이트(https://www.YouTube.com/) 에 접속한 다음 [로그인]을 클릭합니다.

02 로그인 화면에서 유튜브 계정을 입력한 후 [다음]을 클릭합니다.

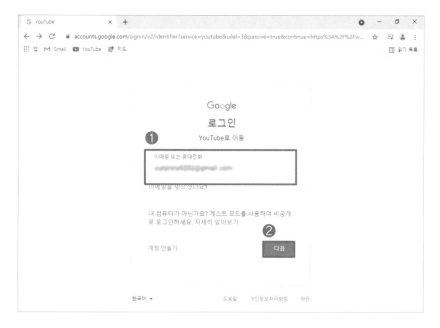

03 계정이 확인되면 '비밀번호 입력란'에 **비밀번호를 입력**하고 **[다음]**을 클릭합니다.

04 실시간 방송을 하기 위해 ■ (만들기)를 선택하고 **[실시간 스트리밍 시작]**을 클릭합니다.

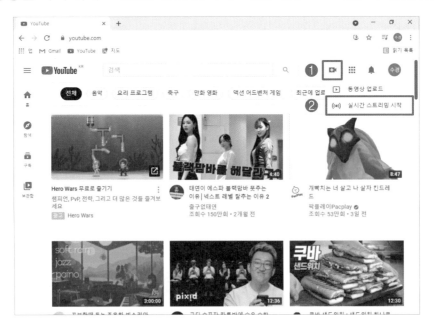

05 YouTube Studio 화면의 스트림에서 스트림 키(인코더에 붙여넣기)에 있는 [복사]를
클릭합니다.

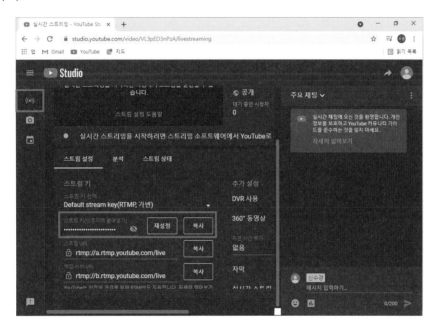

06 OBS 화면으로 이동하여 [제어] 목록에서 [설정]을 클릭합니다.

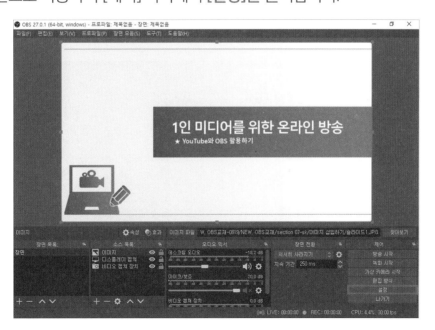

07 [설정] 대화상자에서 [🅰방송] 탭을 클릭한 후 서비스 목록 단추 (▼)를 클릭하여 'Youtube-RTMPS'를 선택하고 스트림 키란에서 (Ctrl)+(V)를 눌러 복사한 스트림 키를 붙여 넣습니다.

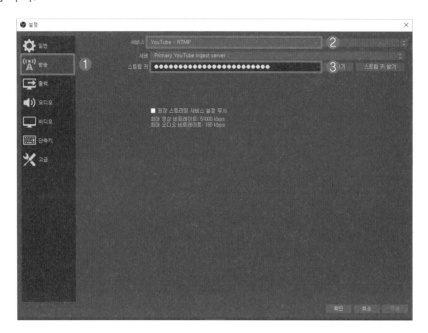

08 다음과 같이 YouTube 스트림 키가 복사가 되면 [확인]을 클릭합니다.

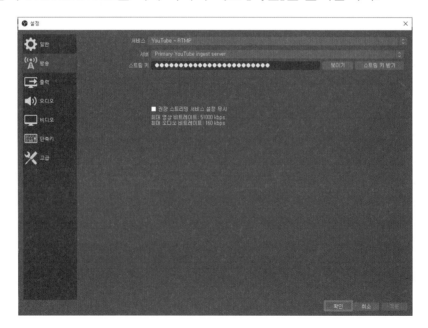

09 OBS의 [제어] 목록에서 [방송 시작]을 클릭합니다.

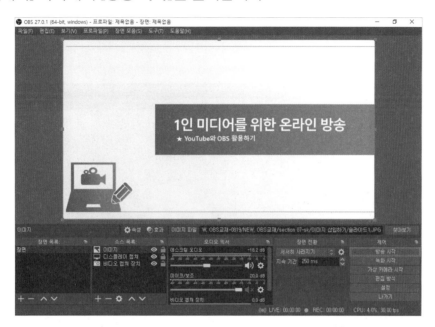

10 YouTube Studio에서 실시간 방송을 확인합니다. 실시간 방송을 종료하려면 [스트림 종료]를 클릭한 다음 [스트림 종료] 대화상자에서 [종료]를 클릭합니다.

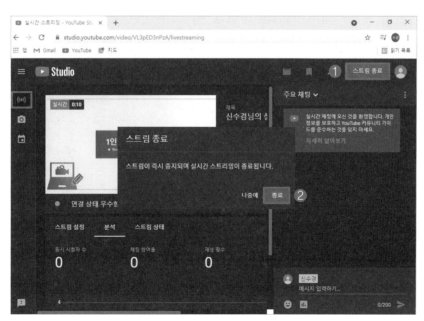

■ 🗓 관리 : 예약 방송 설정하기

01 예약 방송 설정이 가능합니다. 방송 예약을 하기 위해 YouTube Studio에서 **[관리]**-**[스트림 예약]**을 클릭합니다.

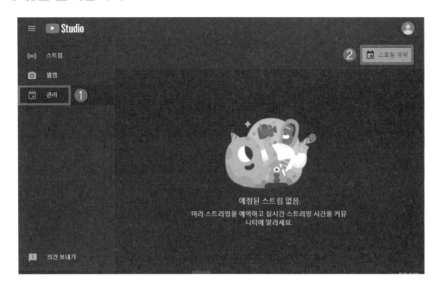

02 **[스트림 만들기]** 창의 **[세부정보]**에서 방송 제목과 설명, 카테고리, 미리보기 이미지, 시청자층 등을 선택을 하고 **[다음]**을 클릭합니다.

03 [맞춤설정]에서 실시간 채팅 설정 여부, 참여자 모드 등을 설정한 후 [다음]을 클릭합니다.

04 [공개상태]에서 방송 공개 여부와 예약일과 시간을 지정하고 [완료]를 클릭합니다.

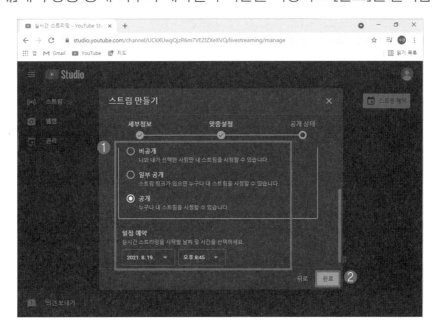

05 방송 설정이 되었으면 [시작] 버튼이 활성화 되었습니다. 방송이 예약되어 있는지 확인하기 위해 ← (뒤로)를 클릭합니다.

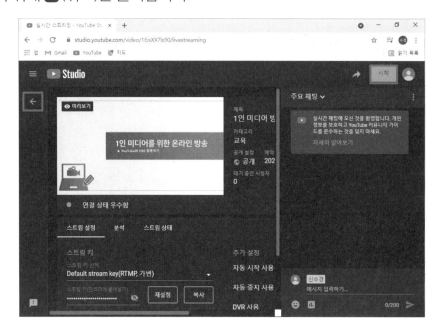

06 다음과 같이 방송예약이 된 것을 확인할 수 있습니다.

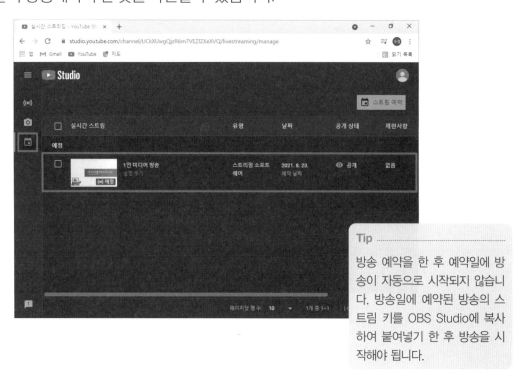

> **Tip**
>
> 방송 예약을 한 후 예약일에 방송이 자동으로 시작되지 않습니다. 방송일에 예약된 방송의 스트림 키를 OBS Studio에 복사하여 붙여넣기 한 후 방송을 시작해야 됩니다.

■ 채널 만들기 및 인증하기

01 YouTube에 로그인 하여 개인 계정 아이콘을 클릭한 후 [채널 만들기]를 클릭합니다.

02 채널을 개설한 후 인증 과정이 필요합니다. [사용 설정]을 클릭하여 인증 화면으로 이동합니다.

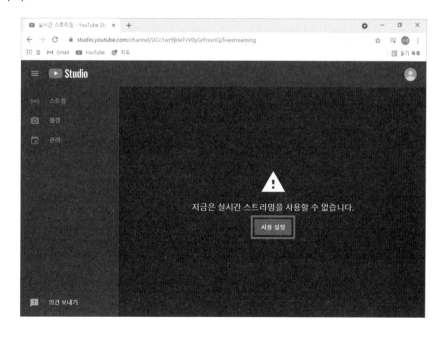

03 권한 받기 대화상자에서 [인증]을 클릭합니다.

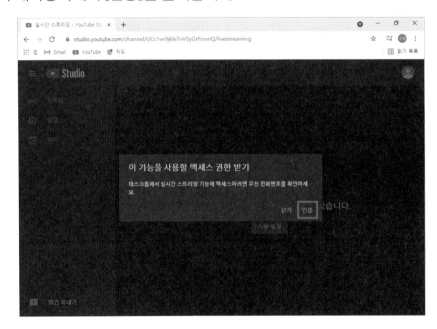

04 전화 인증(1/2단계) 화면에서 인증코드 전송 방식과 전화번호를 입력한 후 [코드 받기]를 클릭합니다.

05 지정한 전화번호로 온 문자 메시지의 숫자 6자리 인증코드를 입력한 후 [제출]을 클릭합니다.

06 인증이 완료되었고 탭 창을 닫아 줍니다.

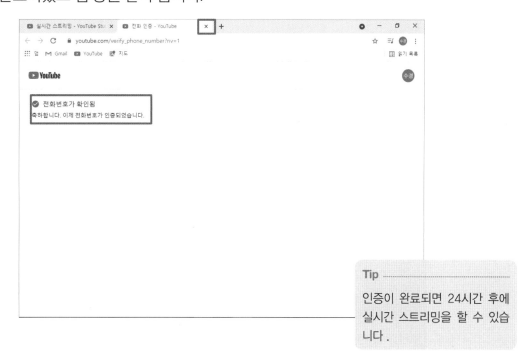

> **Tip**
> 인증이 완료되면 24시간 후에 실시간 스트리밍을 할 수 있습니다.

OBS와 Webex 연결하여 활용하기

OBS를 통하여 화상 솔루션을 진행하는 방법을 알아보겠습니다. OBS와 Webex를 가상 카메라로 연결하면 화면을 바꿔가면서 미팅이나 강의를 진행할 때 편리합니다.

■ 장면 목록 추가하여 방송 준비하기

01 OBS의 소스 목록에서 ➕(추가)를 클릭하여 [디스플레이 캡쳐]를 선택합니다.

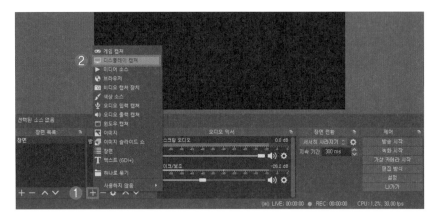

02 [소스 만들기/선택] 대화상자에서 교육 내용에 맞는 새로 만들기 이름을 입력한 다음 [확인]을 클릭합니다.

03 [엑셀교육화면 속성] 대화상자에서 디스플레이 목록 단추(▼)를 클릭하여 방송할 모니터를
선택한 후 [확인]을 클릭합니다.

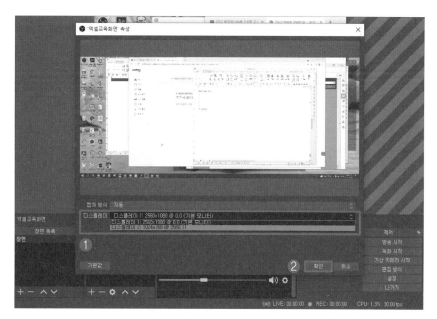

04 장면을 추가하기 위해 장면 목록에서 ➕(추가)를 클릭한 다음 [장면 추가] 대화상자에서
장면 이름을 "교육시작화면"으로 입력하고 [확인]을 클릭합니다.

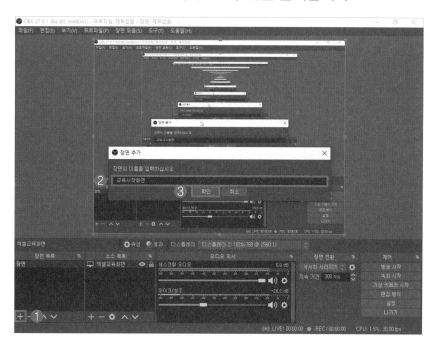

05 장면 목록에 '교육시작화면'이 추가되면 이번에는 교육 시작 이미지를 보여주기 위해 소스 목록에서 ➕(추가)를 클릭하여 [이미지]를 선택합니다.

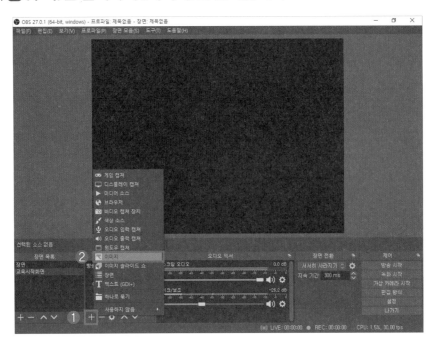

06 [소스 만들기/선택] 대화상자에서 새로 만들기 이름을 적당히 입력한 후 [확인]을 클릭합니다.

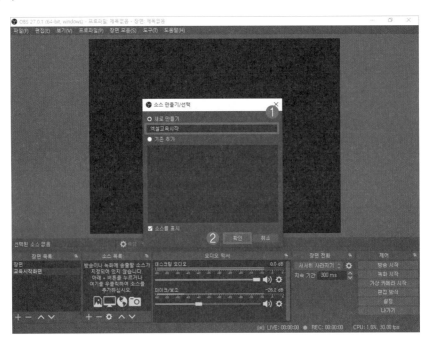

07 다음과 같이 속성 창이 나타나면 이미지를 추가하기 위해 [찾아보기]를 클릭합니다.

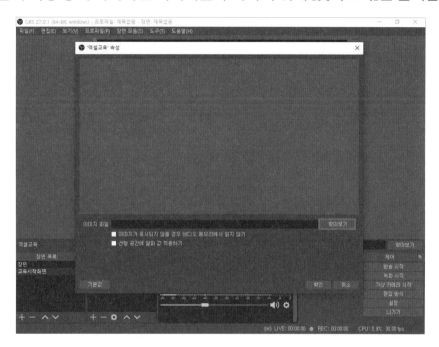

08 [이미지 파일] 대화상자에서 화면에 표시할 이미지를 선택하고 [열기]를 클릭합니다.

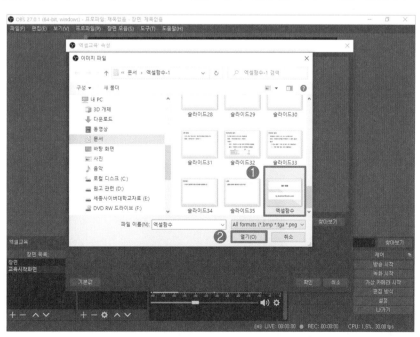

09 강사의 비디오 화면을 보여주기 위해 소스 목록에서 🟦(추가)를 클릭한 다음 [비디오 캡쳐 장치]를 선택합니다.

10 [소스 만들기/선택] 대화상자에서 새로 만들기 이름을 "강사화면"으로 입력한 후 [확인]을 클릭합니다.

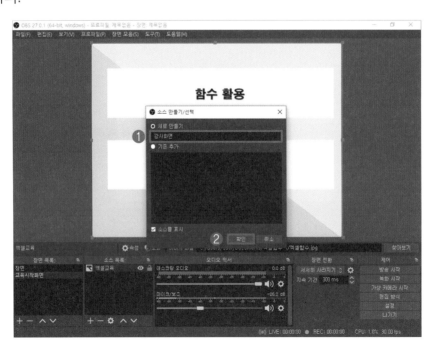

11 속성 창에 강사 비디오가 정상적으로 보이면 [확인]을 클릭합니다.

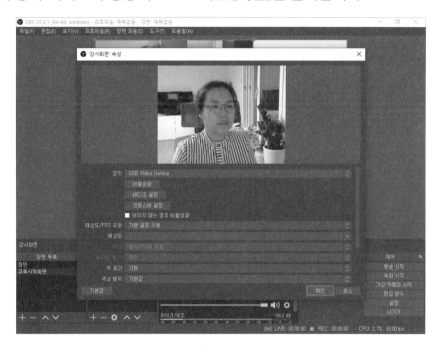

12 장면 목록에서 '교육시작화면'이 선택되어 있는 상태에 강사 비디오 화면이 나타나면 조절점을 이용하여 적당히 조절합니다.

■ webex와 연결하기

01 webex와 연결하기 위해 http://www.webex.com 사이트에 접속하여 로그인 한 다음 개인 룸에 접속하면 [미팅 시작하기]를 클릭합니다.

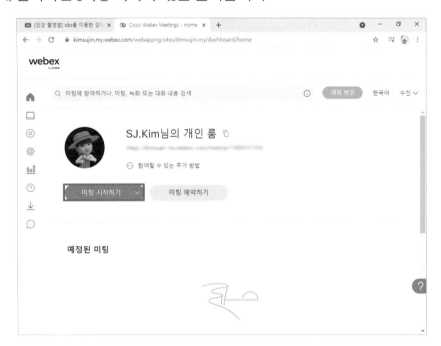

02 다음과 같이 웹에서 애플리케이션을 열겠다고 팝업 창이 뜨면 [Webex 열기]를 클릭합니다.

03 웹엑스가 실행되면 [비디오 중지] 목록 단추(▼)를 클릭하여 [OBS Virtual Camera]를 선택한 다음 다시 [비디오 중지]를 클릭합니다.

04 다시 OBS 화면으로 이동하여 [제어] 목록에서 **[가상 카메라 시작]**을 클릭합니다.

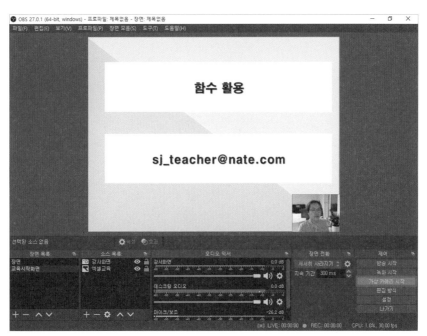

05 Webex 미팅 화면에 OBS 화면이 표시됩니다.

06 OBS Studio 화면에 장면 목록에서 '장면', 소스 목록에서 '엑셀교육화면'을 선택하면
webex 화면이 교육시작 화면에서 엑셀 교육화면으로 전환됩니다.

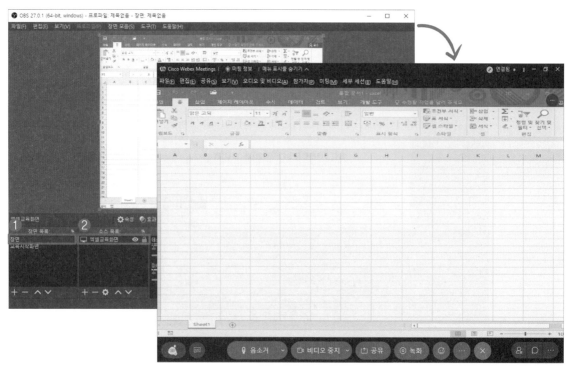